JN279401

コーチングヒント

育てながら勝つ、戦いながら鍛える

読売巨人軍ヘッドコーチ
鹿取義隆

はじめに
コーチとコーチング——私の考え

スピードが芝の上を唸りを上げて飛び、パワーがそれを全力で弾き返します。スキルがそれを追って芝の上を走ります。球春、我々プロ野球人はそんなシーンをお見せするために冬の間から準備してきました。

秋に勝って笑うために、冬に準備をし、春から戦うのです。

監督が掲げる旗のもと、私たちコーチも、シーズンのためにレベルアップさせた選手たちが存分にその力を発揮するのをベンチから見守っています。

プロ野球のコーチがどんな仕事をしているか、簡単に書いてみます。

コーチは、チームのために、戦力をレベルアップします。監督＝リーダーがチームを優勝させるために考え抜いた方針に従って、監督のしようとする野球にこたえられるような選手を作りあげるのです。

監督は、そのレベルアップされた戦力を把握して、それを上手に使わなければいけない。

コマの進め方や戦うための方針は、監督が責任を持って決めます。

コーチは、監督の方針をよく理解して、それに合うような戦力や策を常に提出できるようにしておかないといけない。そうして、監督が決断しやすいようにチームの戦力をコーディネートするのです。監督が決めた方針に沿えるようにするにはどうしたらよいか、コーチたちは話し合います。

ですから、コーチの仕事は、監督の仕事を達成させるために何をするかということにつきます。自分が監督の立場になって考えるのではなくて、チームの方針つまり監督の考えに沿った補佐がきちんとできて、初めてコーチ業ができたということになりますし、コーチングを磨く意味もあるのです。

コーチに必要なことは、まず、絶対にあきらめないこと。それから、コミュニケーション。それと、あとはそれぞれの担当分野での技術に対する向上心。自分たちも勉強しながら、それをきちんと選手に伝えられなければならない。コーチングのテクニックもそのために必要なのです。

私は、コーチとは、技術屋だと思っています。

ヘッドコーチ＝組織のナンバー2というのはそういった技術屋たちをさらに束ねる技術

屋です。コーチたちはその専門技術を選手＝部下に伝え、彼らのもつものを開花させ、価値の高いパフォーマンスを見せる戦力に育て上げるのです。

日本経済を支えてきたのは、〝ものづくり〟が好きで好きでたまらない、そして、〝ひと〟が好きで好きでたまらない、大企業、中堅・中小企業それぞれにいる技術屋たちでした。

そういう技術屋のひとりが、なぜ自分はコーチという仕事が好きなのか、勝つために日々何をしているのか、どういう夢を描き、どういう道を経て今のポジションに至ったのかを記してみました。

ビジネスマンの皆さんとは畑違いの野球のヘッドコーチが、ビジネスマンの皆さんに向けてコーチという仕事とコーチングについて書き連ねるというのも、どこかおこがましい気もしますが、読者の皆さんのビジネスに、何らかのヒントが提供できるかもしれません。

そう思ってこの本を書きました。

加えて、お読みいただいて、私たちの仕事に少しでも興味を持たれたらうれしく思います。また、私たちが戦っている夢のボールパークへと足を運んでいただけたら幸甚です。

CONTENTS ―目次―

第1章 リーダーを支え、部下を活性化する組織ナンバー2のコーチングヒント

CONTENTS

第2章 成功から学び、失敗から吸収する 現場でつかんだコーチングヒント

第3章 異文化経験を通して、自分を確認する アメリカで学んだコーチングヒント

CONTENTS

第4章 コーチとコーチング　私の思うこと

編集協力●春日和夫
カバー・本文デザイン●高林里衣
写真●回里純子
協力●読売巨人軍

第1章

リーダーを支え、
部下を活性化する

組織ナンバー2の
コーチングヒント

勝利の直後から次への「準備」は始まっている

2002年秋、原辰徳監督の就任1年目にして、巨人は日本一になれました。

監督の方針のもと、ヘッドコーチとしてチームをコーディネートさせていただいたことを心からうれしく思いました。日本シリーズ中も、先発投手がシーズン中と同じように期待に応えてくれた。これが日本シリーズ4連勝の勝因のすべてでしょう。5、6回までは、たとえ負けていてもまったく代える気持ちは起こらなかった。最高のかたちでの日本一でした。

ただ、この巨人の日本一を、どれだけの人が、いつまで覚えていてくれるでしょうか？ 日本シリーズに勝つのは最終的にいちばんいいことだとは思いますが、やはりそれよりもとにかくリーグ優勝すること。それが先決です。長いペナントレース、好不調の波がありながらも、シーズンを制することのほうがはるかにしんどいし、喜びも違います。この思いは、選手時代もコーチ時代も一緒です。というのも、実際にシリーズを戦ってる時から、私などは気が気ではありませんでした。

我々が晴れのシリーズで日本一を争っている時期に、他のシリーズに出られなかったチームは来期に向けての秋季練習をやってる。もちろん、我々はもっと高いステージで、いろいろなことを勉強、実践してるというよい面があるのですが、ライバル5チームはもう次の段階に入っているんです。〝準備〟に差があるわけです。

私はそう思っていました。ちょっとひねくれてるのかもしれませんが。

シリーズ中でもふと思うことを書きとめておいて、他のチームより遅くスタートする自分たちの秋季キャンプに活かさなければ——そういうふうに考えてしまいます。

特にコーチになってからは、それは強く意識しました。自分を心配性だとは思っていないのですが、準備、準備、準備……そうやっておかないと不安です。不安というより、それは学生時代から染み付いて血肉と化した習慣のようなものです。この〝準備〟という、シンプルな言葉が私のコーチングのベースにあります。常に意識は〝次〟の準備に向けています。

野球は、1年やって終わりではない。たとえば、はい今年は終わりました、1年休みです、というのではないですからね。毎年、野球は続く。休む暇はないのです。

それはビジネスも同じことではないでしょうか。

リストラより土台を活かした「リフォーム」を

私は今、ヘッドコーチとしてチームのコーディネート役をこなすと同時に、投手陣を任せてもらっています。

でも、そういうことになるとは、1年半前はまったく思いもしませんでした。

2001年9月28日の朝10時ごろ。1本の電話によって、こういうことになったのです。タツからの電話でした。タツ——私は、学年で言えば2つ下の原辰徳を、そう呼んでいました。現役時代チームをともにし、また、コーチとしてともに泣き笑いした仲です。彼はいきなりこう言いました。

「来年、僕、監督やります。今日就任します」

それを聞いて、私の口を出たのは、ごく当たり前に、「おめでとう」でした。

そして、いきなり監督は、「ピッチングコーチをお願いします」と言う。とにかく一緒にやってください、これが決まらないとコーチ陣が決まらない。早く返事がほしい。

その日は、アメリカから帰ってきて11日目。この年、私は半年間、フロリダ州のベロビーチに本拠を置くドジャースのマイナーチームにコーチ留学していたのです。A級（1A）のチームのアシスタントコーチでしたが、翌年はAA級（2A）のジャクソンビルでコーチ修行を続けられることになっていました。1Aから2Aへと実績を積み上げていこう、と思い始めた矢先のコーチ依頼でした。話しているうちに、ヘッドコーチとして若いスタッフを支えてくれ、というようにニュアンスが変わった。「何言ってんの？ もっと他にいい人がいるでしょう」と浦島太郎の私は答えて電話を切ったのですが、心は落ち着かない。早く返事がほしい、とも言っていた。

気持ちが揺れる中、午前中によみうりランド・ジャイアンツ球場へ行き、ジャイアンツの二軍戦を観ました。3回まで観て、食事に行き、帰ってきてテレビで4時半から、新旧監督記者会見を見ていました。

そして、夜の10時3分に新監督に電話をして、ヘッドコーチ就任を承諾したのでした。この日を境に、タッと呼んでいた彼が私の上司＝監督になりました。

アメリカでのコーチ修行は中断です。

ピッチングコーチだった私が、ナンバー2のヘッドとなった。ノックや走塁練習も見て、野手にも声をかけられる。トータルでチームを考えられるのはありがたいことだと思いました。

藤田元司監督の時の牧野茂ヘッド、西武・森祇晶監督の時の黒江透修ヘッド、長嶋茂雄監督の時の原辰徳ヘッド……と何人かのヘッドコーチの姿が頭をよぎりました。……その原ヘッドが今度の監督、そして私がヘッド……。

わずか3週間ばかり前に所属していたアメリカのマイナーチーム。コーチングスタッフには、ヘッドコーチという肩書きの人はいません。監督《マネージャー》がいて、その下に、ベンチコーチというのがいる。選手のことをよく把握していて、さまざまなデータを監督に伝える……監督と、お互いに持っているデータを検討しあって、ああだこうだと話し合っていた。このベンチコーチの姿も思い出されました。

その2日後、30日の夜に新監督と会い、「チーム編成的にはこういうふうに持っていきたい。――でも自分の中でいちばん勉強が足りていないのが投手部門です。投手陣を建て直してもらいたい」と依頼されました。

01年のジャイアンツのチーム防御率は、4・45。球団史上ワーストでした。新聞などでは〝投壊〟と呼ばれるありさま。それを私に「建て直してほしい」と言う。

私がジャイアンツの一軍投手コーチ1年目だった99年の防御率は、3・84。2年目の

00年は3・34と12球団トップでした。そういった点で私を評価してくれ、新監督は「建て直してほしい」と言ってくれたのでしょう。

私は、

「土台は壊れていない」

と考えました。投手陣を根こそぎ変えるのではなく、土台を活かした再構築をすればいいのだ。

家を建て直すためには一度、壊さなくてはならないのだろうか？　それはしなくていい。〝投壊〟と呼ばれた投手陣も、土台はしっかりしているはずなんだ。傷んでいるところには手を加えて、修理すればいいじゃないか。そう、リストラじゃなくてリフォームです。

98年に二軍コーチをしていた頃からの、各投手の顔が浮かびました。

――彼たちを、俺が知っているいい状態に戻してやろうじゃないか。

まずは、それだ。気持ちが切り替わりました。

原辰徳監督の「コミュニケーション力」

2002年の原辰徳監督は、見事でした。

コミュニケーションの取り方が、かなりうまかった。

私は01年秋にヘッドコーチを引き受ける際に、監督に「自分の中でいちばん勉強が足りていないのが投手部門です。ピッチャー陣を建て直してもらいたい」というセリフで依頼されました。責任が重い、と感じると同時に、これならやりがいも大きいな、と感じる対面でした。

01年は優勝できなかったので、とにかくまず、何をおいても優勝が目標。それは監督がいちばん強く思っていたはずです。

私はその負けた悔しい戦いの時には日本にいませんでしたが、参謀として新しいスタッフの一員に導き入れてくれました。そして、責任は大将である自分が持つから、やってくれ、と。

このあたり、やはり言葉を上手に使う、説得力のあるリーダーです。ひとりのコーチとして、ぜひとも見習いたい。

コーチほどコミュニケーションが大事な職業はありません。コミュニケーションは、ひとつひとつの言葉の使い方・選び方から始まっているものではないでしょうか。これはリーダー・原監督から学んだことのひとつです。

原監督は、印象的なフレーズをうまく使うコピーライターでもあります。

私は、監督の言う「チーム愛」を、同じ目標に向かっていくうえでの「思いやり」、そして「理解」と解釈しましたが、こういったキャッチフレーズは、なかなか真似のできないものです。

でも、その言葉選びのセンスは、くり返しになりますが、見習いたいと思います。ナンバー2であっても、いや、ナンバー2だからこそ、リーダーの持っているよいものを吸収し、自分のものとするよう努めなくてはならないのではないでしょうか。

選択肢とコーチの「意志」

原監督は、我々コーチングスタッフに、こう言います。

「選択肢のある提案は持ってこないでください」

これはどういうことかと言うと、「どうしましょう」ではなく、「こうしましょう」で来てくれ、ということです。

たとえば、不調のため、しばらく試合に出さずに調整をさせなくてはいけないサウスポー投手・Aがいたとします。当然その代わりに、二軍から誰か1人、引き上げなくてはなりません。それを誰にしたらよいか——監督から提案するよう、コーチは言われた。その時に、今調子がいいのはBですが、同じ左ならCがいい、でも、若手のDも投げさせてみたいし、ベテランEもケガが治ってスタンバイできてます……なんて提案してしまったら、これはコーチのいる意味がないんじゃないかと思います。

そもそも「提案」を待ってる監督に、「相談」を持ちかけてしまってはいけませんよね。

いくつかの選択肢が必要な場合だってあります。でも、多すぎる選択肢は、親切に見えて不親切、考えているように見えて考えていない、そう言われてもしかたのないことなのかもしれません。

監督は信頼してくれている。コーチとしても腕の振るいがいがあります。

最終的には監督が責任を取るから、決めてきてくれということです。

コーチの仕事は、監督のやりたい野球を達成させるために何をするか、ということで、その方針に合う策を常に提出できるようにしておくことです。

そしてコーチは、監督が決断しやすいように、自分自身の意志をはっきり見せなくてはいけません。

その上で、監督がコマの進め方を決めていく。そのために我々コーチは、監督の野球に対応できるように、選手たちをレベルアップしておく。

リーダーとコーチの関係は、信頼とそれに対応する準備、そして、はっきりした意志に基づくものなのではないでしょうか。

コーチの「若さ」を補うものとは?

原辰徳新監督が、新たなコーチングスタッフ10名を伴って記者会見を行ったのは、2001年10月11日でした。

44歳の私が「ヘッド」コーチ。私より1学年下ですが、この時やはり44歳の篠塚和典が「総合」コーチ。それぞれ基本は投手、野手部門の責任者ということなのですが、その垣根を外して、2人の経験と能力をチームに活かすことが狙いだ、と説明されました。

コーチの平均年齢は41・7歳でした。監督は、「いいチームを作るために最高のコーチを集めたもので、結果としてこの若さになった」と説明しました。この若さを危ぶむ声があったのは、知っています。〝仲よしクラブ〟などとも言われていたようです。私がヘッドというのはちょっと情けないかもしれないですが、いや、そうではないのです。

何をもって「仲よし」というのか、それは私にはわかりません。それぞれ意見は違うし、指導法や理論も、おのおのが自分のものを持っている。足並みそろった意見の一致などということはないでしょう。そういった意味では、仲なんかけっしてよくはない。しかし、それはひるがえせば、我々は意見を言い合える仲であるということです。年齢が上に遠く離れた先達たちに遠慮して、自分の考えを表明できない辛さを考えれば、若い〝仲〟というのは、むしろどう伸びてゆくか予想もつかない貪欲ともいえる発展性を秘めている。

それに、我々にはチームの財産ともいえる知識の蓄積がある。長嶋さんや藤田さん、王さんに教えてもらっているし、その方たちの話の中には、川上哲治さんやその前の監督の話もあるわけです。それを我々は授かっている。また、私や内野守備走塁コーチの鈴木康友、外野守備走塁コーチの西岡良洋は、西武の元監督森祇晶さんの教えをも受けています。

授かり、そして溜め込んだたくさんの知恵。それを生かせば、若さは関係ないと思いました。あとは、それをどう処理していくかです。そこに自分の経験からくる考えを入れてみたりして、それでひとつのものにまとめていければいい。そのことは、投手コーチの斎藤雅樹や打撃コーチの吉村禎章、バッテリーコーチの村田真一たち、私よりさらに若いコーチたちにも、話しました。それはチームの歴史、その積み重ねです。

私が知ってることは、すべて若手に伝えなければいけない。そして、私には、ドジャースのマイナーで学んできたばかりの経験もある。だから、コーチとして若すぎることもなければ、〝仲よしクラブ〟でもない。そう思いました。

「当たり前」を教えるコーチング

授かった知識が蓄積され、そして継承される、ということを書きました。

1981年に原監督が入団してきた年に、藤田監督がヘッドコーチとして招聘したのが、「名参謀」と呼ばれた牧野茂さんでした。私は入団3年目。まだ若かった私ですが、牧野さんがミーティングで話されたことは、しっかりとノートに書きとめてあります。

牧野さんは、ジャイアンツが9連覇した頃に「ドジャースの戦法」というものを巨人に取り入れた人です。その当人からフォーメーションなどの動きを直に聞ける。「V9時代と同じことを教えてくれるのかな」と我々からすればそういう楽しみがあって、聞いていた。その動き自体、V9時代も81年当時もまったく変わらずやっていたわけで、「ああ、これやってたんだ」と再認識できた。そして、そこで……なぜそうなったかを牧野さんが紐解いて教えてくれたわけです。その「なぜ」という部分を教えてくれるのが重要だった。

いちばん眠い時間にミーティングをするので、ちょとつらかったのですが、最後まで目を開いて、背を起こし体を前に出して聞いていた気がします。

そういうミーティングはしなきゃいけないな、と今、自分がヘッドになって思います。皆、俺の顔を見て話を聞いてるだろうか。選手に語りかけながら、私は選手たちの顔をよく観察してもいるのです。

今思い出してみても、私ではあんなふうにはとても話せない。特別なことを言っているのではなく、当たり前の内容のことを当たり前にしゃべってくれるのですが、やっぱり牧野ヘッドコーチという人が話したことは、とても重く聞こえました。

わかっていても聞けなかったこと、曖昧な部分があっても、プロとして入ってきて、「こんなこと聞いたら、笑われるんじゃないかな」「これ質問したら、お前それぐらいのこともわからないのか、なんて言われるの嫌だな」などと思っていることがある。そういう若いこちらの引っ込んでしまいがちな思いを見透かして、先取りするように話してくれる牧野さんのミーティング。私には、やっぱりそうだったんだ、とホッとした部分もありました。

もう1回、それまで自分がやってきた野球のことを確認できた。これは、当たり前の話をしてくれること自体、価値があるんです。皆が、どうなんだろう？　どっちなんだろう？と疑問を抱えてるのを、悩ませずあらかじめ解いてくれている。

これはひとつのコーチの存在意義だと思います。

「戦力把握」と「部下掌握」

西武ライオンズで学んだことを、ここでひとつだけ書いておきましょう。

森祇晶監督を見ていると、結局、監督というのはどれだけ選手（戦力）を把握しているかに尽きると私は思いました。

監督、コーチが選手ひとりひとりの能力をきちんと把握していれば、戦力を効果的に、効率よく配置できます。そうすると選手としては、自分の能力以上のことをしなくてもいい。また、それ以下のことは絶対にしないようにもなります。今、各々ができることだけを求める明確さがあれば、選手のパフォーマンスが高いところで安定するんです。西武のレギュラー陣がしっかりしていたのは、そういう理由があるんです。

レギュラー陣がしっかりしていたので、監督の采配の妙で勝ったゲームが、年間で5、6試合という印象が残るほどでした。

そうした中で、レギュラー陣がケガなどで外れた場合でも、控え選手を把握して、しっかりやる。そうなれば、もう、これだけの人数の中で、これだけの数で戦えばいい。残りのこっちは育成に――とはっきり分ける。そういうことができるのです。育成を施す若手たちは、レギュラーを追って育っていく。そして次の時代を担ってゆくわけです。

こうなると、もうチーム編成が、試合前の重要な仕事になります。

そうした組織としての準備の段階で、勝ちを得ていた。その準備の準備として、ひとりひとりの能力を把握する。

コーチング以前に必要なことはたくさんあるんです。

「長期」の準備、「短期」の準備

さて、巨人のヘッドとなった私が、どう投手陣をリフォームするか、です。

球団史上ワースト、そしてリーグ最悪の防御率4・45からの出発です。我々は、勝者ではなく、チャレンジャーでした。ヘッド就任早々の10月から動き出しました。12、1、2月にどういうトレーニングをするかを、トレーニングコーチと話し合って、資料としてまとめました。そして全選手の自宅に手紙を送ったのです。

そのなかで、投手はキャンプ初日に全員ブルペンに入るように書きました。手紙の最後には「現役選手は引退するまでオフはなし」という言葉を添えました。別に内容的に新しいことはなく、トレーニング方法や2002年の方針、キャンプにはこれこれを持ってきてほしい……そういったことです。選手の意識づけのほうが大事でした。

キャンプが始まる前に準備してほしい。そのためには日常生活からの準備です。

キャンプ初日から投げるのだから、投げられるような体をつくってこい。と、こういうわけです。

ひざが悪い上原浩治は、秋のキャンプから外しました。体のバランスを崩すから、治すのが先決です。彼とは12月に会い、「痛みがなくなるまで、じっくり治してくれ。4月の開幕に間に合わせなくていい」と言いました。「いろいろ余計なことが耳に入ってきているだろうが、跳ね返せ。お前は先発をやらなきゃいけないよ」。

工藤公康は、01年のシーズン、彼自身のルーティンがまったくうまく行っていませんでしたので、「うまくやってくれ」とだけ言いました。

春のキャンプでは投手は2月1日の初日からピッチングに入りました。ここで投げられる体で臨むということは、もうその前にスタートしておかなくては、スタートできないのです。

2月に合わせるためには、1カ月前から準備していないといけない。

一方で、長期間の〝準備〟の積み重ねも必要です。何年間か積み重ねたトレーニングで、5年積み重ねたら5年はもつ。短期間の準備だけだったら短期間で壊れてしまうのです。

コーチングは「タイミング」

当たり前のことですが、コーチという仕事は、選手を教え、導かなければなりません。だから当然注意をします。注意、注意の連続です。管理も必要でしょう。

相手も人間です。注意し、怒ったりするにも、時と場合、ＴＰＯがあります。ただ「言わない」という選択肢だけはありません。言わなくてはいけない。けれど、言い方がある。

選手によって、突き放していい選手と、持ち上げる選手と、あとは放っておく選手と、少なくとも3種類はいます。また、投手では、打たれた直後に言えばいい選手と、少し間を置いて言うべき選手と、その中間にいる選手と、いろんなタイプがいる。Ａ選手には強い口調で言っても、「ヨシッ、この次には」と発奮してくるだろう。逆に、Ｂ選手に強く言ってしまうと頭を下げて溜め息をつき「俺、もうダメだ」と奈落の底に突き落としかねない——そんなこともあるんです。

その見分けは、あまり難しくありません。彼らの日頃の生活や練習態度などを見ていれば、性格がわかってくるからです。完璧ではないけれど、だいたいはわかる。

でも、奈落の底に落とさないために選手個々の性格を知ろうと努めているわけではなくて、その逆です。自然に性格を知ってしまっているからこそ、自然にそれぞれ言い方が異なってくるわけです。

新人だと、最初は手探りですよね。だから、新人にはレポートでも書かせて、「自分がどうなりたいか」というような自己診断や希望などを書いてもらってその内容を分析しようと思っています。そういう話は最初にしておくべきだと思います。

でも、あっ、このタイミングで言わないほうがよかったかな、というようなコーチとしての失敗も当然あります。しかし、それはそれでまた、いいのです。その結果は自らのコーチングに対しての反省材料になる。

コーチたるもの、それがすべて合ってるとは思わないですけど、自分なりにそれでいい、それのほうがいいんじゃないかと思って言うしかない。

いちいちひとりひとりのことを考えるのは面倒くさい……という考え方も、コーチとしてたまにはいいのかな、とも思います。どいつもこいつもすべて一緒という接し方です。でも、できません。性格を知ってしまうと、それはやろうと思ってもできないものです。

組織の「壁」を払う効果

野球の世界には〝二軍病〟というものがあります。

二軍生活が長い選手がかかります。「どうせ俺なんか、この程度……」とふてくされて、目標も覇気もなく、漫然と野球をしている状態と言えるかもしれません。

特に巨人の二軍は待遇も居心地もいいから、「二軍でいいや」と慣れてしまって、独特の〝ジャイアンツ型二軍病〟にかかりやすい。

私は常に思っているのですが、選手たちは、ベテランでも、中堅でも、若手でも、皆、高い意識と情熱を持って取り組んでほしい。一軍、二軍の枠はないという意識でやってほしい。

キャンプの場所や練習場所は違うけれど、一軍も二軍も、皆、同じユニフォーム着ているのです。〝二ジャイアンツ〟なんて書いてない。出場登録名簿や選手名鑑でも、「一軍」「二軍」などと書いてない。「投手」「捕手」「内野手」「外野手」という登録の区別だけです。

ひとつのジャイアンツの約70人から、ペナントレースを戦う28人を選ぶ――それが一軍ベンチ入りということなのです。

だから、ジャイアンツのキャンプでは、一軍と二軍は同じ練習メニューでスケジュールをこなし、同じ日に休みます。

そう、一軍二軍の壁を具体的に取り払ったのです。

これは、私が監督と相談して2002年のキャンプから、そういうやり方にしました。

紅白戦も同じ日にやります。それ以前は、キャンプ中に二軍は休みが少なく、一軍の紅白戦に呼んでもけっしていい状態で参加できなかったからです。そんなことになるよりは、目いっぱい練習して、しっかり休んだほうがいい。

そうすると、紅白戦といっても、皆いい体調で来るわけです。一軍に呼ぶときには、二軍のコーチ陣に「調子のいい者、推薦できる人をお願いします」と言っておけば、ちゃんとそういう溌剌として連中が来ます。

体調もよければ、やっぱりいい形で頑張ります。その結果がどう出るかはわからないけれど、頑張りますよ。

その成果かもしれません。02年のシーズンで、野手で下から上がってこなかった選手は、

4人しかいなかった。ケガ人と調子の悪かった選手、4人だけです。それだけ二軍の若い人たちが上がってきた。

コーチとしては、二軍選手たちにペナントレースに対する参加意識というか、当事者意識を持たせることができたと思います。また、大きな意味でのチャンスを与えることができたと思います。

02年の戦いでは、そういった二軍から上がってきた選手たちが、そのチャンスをものにして、勝利の原動力になりました。

戦力の把握は「直に」そして「常に」

やはり私は、何でも、自分の目で見たいほうです。

シーズン中も、一軍のゲームのない月曜日には、よくよみうりランドの二軍練習場、ジャイアンツ球場でのイースタンリーグの試合や練習を観ていました。やはり気になります。家が近かったこともあるのですが、行っていないと二軍の状態がわからなくなる。

そういう時以外にも、一軍のあるピッチャーが危ないとか、ある野手の調子が悪いとか、ケガをしそうだとか、少しスクランブル状態が考えられる時に、戦力的に誰を補充すればいいか、それを二軍監督に相談しに行きます。入れ替えしなきゃまずい、戦力的に、この選手よりあっちの選手だ、今はこの選手の守りよりあの選手の足を使ったほうがいい。どっちにしようか……と監督が悩んでるときに、あらかじめ準備しておく。

別にわざわざ行かないでも、二軍の試合結果とその内容のチャートのコピーが来ます。黙っていてもそれは来ますが、それだけではわからないこともあります。寸評が書かれてあっても、もっと知りたい。そういうときは、実際に見ているファームのコーチなり監督に聞いたほうが早い。そういう生の情報をそこで仕入れるのです。

自分の目と耳で、直接状態を把握しておきたいのです。

もし、監督が、もうあの選手、ダメ、ピッチャーはダメだと判断して、入れ替えようと思って「下で誰がいいですか?」と聞かれたときに、「うーん、聞いてみましょうか」とそこで慌てるのではなくて、「昨日聞いてきました」という具合に用意できる。いろいろな情報を仕入れておいて、「今、誰々ならいいですよ」というふうに答えられるようにしておく。

二軍の試合をきちんと見ておくのは、監督を支えるナンバー2の重要な役割でもあります。日々現場に触れているのは、コーチとしての準備の第一歩と言えるかもしれません。

「目標設定」は言葉ではなくイメージで

2002年のシーズン後半、真田裕貴という高卒1年目の投手がローテーションに入って大活躍しました。彼があれだけ頑張れば、二軍にいる若手にはとても刺激になります。昨日まで下で一緒になってやっていた連中が、真田がナイトゲームで投げる姿をテレビ中継で観る。「あいつ、一軍でこんなに活躍できるんだ」という気持ちになります。それは、うらやましさでも悔しさでもある。ただ、もともと素質のある連中ですから、思いはそこで止まらない。当然、「あいつにできるんだったら、俺もできる」と個々が奮起するでしょう。

そうして二軍での競い合いが活発になる。競い合っているそのレベルが、たとえ今はそれほど高くなくても、必ずいい方向には行きます。レベルがまだ低い者同士の、それこそどんぐりの背比べみたいな争いでも、やっているうちに双方どんどん上手くなる。

競い合いは、トップ同士であってもまだまだレベルを上げます。トップだと相当なプライドを持って競い合う。下でも中間レベルでも、それを見て、「ああやってやるんだ」ということがわかります。チーム内に教師がいるわけです。ライバル争いの姿が、また下の人間を刺激し、どんぐりなりに切磋琢磨する。

そうやってチームが強くなる。チームといっても、前提は、個人です。個人がしっかりしないとチームはしっかりしない。

ただ、どんぐりの背比べを脱却してより上に行くためには、「一軍入りが目標」という気持ちでは、まったく不充分です。「一軍で活躍するのが目標」というところまでやる気を持っていないと、一軍での活躍は絶対にできないと言っていい。

ビジネスの世界でも、たとえば就職の際に、「○○社に入りたい」という学生がいるかと思いますが、「○○社で自分の力を発揮したい」とはずいぶん目標のレベルが違うはずです。○○社に入っただけで安心してしまっていては、そこからの伸びは見込めない。

コーチとしては、選手たちの目標をより具体的にしてやることも大事な仕事です。目標設定を「一軍」という言葉ではなく、「活躍」というイメージにしてあげないといけないのかもしれません。

「メンタル」強化の上昇スパイラル

フロリダでのコーチ留学時に頻繁に使われていて、耳にこびりついた言葉に、「メンタル」と「メカニック」というものがありました。

さして耳に新しい英単語ではありませんが、野球用語として使われるとなると、少し解説が必要となります

「メンタル」とは端的に言えば、打者に立ち向かう気持ちです。

対して「メカニック」は、ちょっと具体的に説明が必要かもしれません。

投手なら、ボールにいちばんいい形で無理なく力を伝達する一般的な方法は、あるにはある。しかし、野球選手にも個人差がある。体格、上背、パワー、骨格も違うし、手の大きさも長さも、投げる角度も違う。皆が同じ格好で投げても、同じ球にはならない。体のいろいろな違いが、ボールの変化や曲がり幅も違えるわけです。

だから、もっとも効果的に投げる方法はひとりひとり違うのです。

この方法を「メカニック」と呼びます。選手個々をよく観察して、彼にいちばんいい効

果的な投法を探し出して見つけて、具体的に身につくように教えるのが、コーチの「メカニック」における仕事です。

さて、この「メンタル」と「メカニック」は、どちらも非常に大切なものですが、強化するには順番があります。

どちらからだと思われますか？

野球の場合、「メカニック」が先です。「メンタル」は「メカニック」の生む結果からしか強くなりません。

２００１年のジャイアンツのチーム防御率は４・４５とよいものではありませんでした。思ったところに球が行かず、カウントを悪くして打たれ、その結果、自信を喪失するという、「メカニック」と「メンタル」の下降のスパイラルが発生してしまったように思えました。まず「メカニック」に問題があり、それがうまく行かずに悪い結果が出て、それが「メンタル」にも悪影響を及ぼしてしまったのです。

コーチは「メンタル」より先に、投げたいところに投げられるような「メカニック」を確立させます。そして「メカニック」を試すチャンスを与えます。これもコーチの大切な仕事です。

そこでよい結果が出れば、「メンタル」は抑えた自信をもとにして、強くなります。これはよい結果が生む、上昇のスパイラルです。

では、悪い結果が出たら？

ここそがコーチの出番でしょう。

打者と対して、打たれる。打たれるというのはストライクゾーンに球が行っているということ。つまり、投げたいところには投げることができている。でも、打たれる。それは、ボールが高目に行ってしまうからだ。常に低いところにボールが行くようにしよう。そういう「メカニック」をつくろう。そのつくり方は……。

悪い結果は、「メカニック」のさらなる向上に役立つのです。それに気づかせるのは、そう、コーチの仕事です。投げて打たれた本人は、それは落ち込んでますよ。落ち込んでいるやつに罵声を浴びせたって、意味はありません。

かえって、「メンタル」に悪い影響を与えてしまうことになるとも限りません。選手を下降のスパイラルに放り込んでしまうかもしれません。

それよりも、本人が納得できるように結果を検証して、それをよりよい「メカニック」づくりという課題に結びつけ、「メカニック」が調整できたら、またチャンスを与え、その結果をまた検証して……。このくり返しを選手とともにするのが、コーチなのではないでしょうか。

そして、コーチと選手がそれをくり返すうちに、「メンタル」は強くなってゆくのだと思うのです。

「習慣」の変え方が仕事を大きく変える

問題のある投手を「変える」には、どうすればよいか？

それには、まず考え方を変えさせる必要があります。でも、レベルはいろいろあるにせよ、子どもの頃から長い間野球をやってきて、プロ野球まで上り詰めた男たちです。なかなか素直に「はい、変えます」とは言わないものです。

これには、彼自身の残した〝結果〟を見せるのがよいでしょう。「なぜ俺が変えろと言ってるのか、わかるよな？」と、そこをよく説明して、そして、「ストライクが入るようにしような」と言い聞かせる。

その上で具体的な投げ方なりフォームを変えるわけです。腕の出し方はどうか、ボールを指から離すポイントはどこか……そこを教えてあげる。それを練習でくり返していくと、球がストライクゾーンに集まりだす。変化球が曲がりだす。メカニックが変わったわけです。

それで実戦で投げて結果を出せれば、「ああ、これでいいな」と思えて、それが今度は、放っておいてもそうすることが彼のルーティンになっていく。メンタルも強くなる。そして、結果が変わり、彼は上昇のスパイラルに入ってゆくわけです。

2001年の秋のキャンプで、私は若い選手に強く言いました。一軍と二軍をエレベータで行き来していた投手です。素材はいいものを持っているのに、結果を出せていなかった。ということは、彼はどこかで何かを変えるべきなのです。それが今だと思い、「考え方を変えるのはむずかしいけど、今そういう時期に来てるんじゃないか?」と言ったのです。

今まで生きてきた人生……人生というと大袈裟なようですが、プロ野球選手の場合、野球における習慣というのは、子どもの頃からの習慣です。その長い習慣の中で積み上げてきたのが今の自分なのです。これはなかなか変えられないですよね。

朝起きたら顔を洗って歯を磨くのは、親に言いつけられた習慣で、それは誰でも今につながっている。でもそれでも虫歯になるなら、その習慣を変えなければなりません。野球の習慣でも同じです。たとえいいものを持っていても、今まで結果を出せていないということは、やはりそれをどこか変えないといけない。また今、こう言われて新たなやる気を出そうとしたら、やはり考え方を変えなくてはいけない。

考え方を変えて、それが習慣になり結果が出れば、人は、以前の自分とは違う人間になる。人生が変わるんです。

部下の隠れた「トラブル」を見抜くには？

ちょっとした故障なら、選手は絶対にそれを隠して無理をするものです。ましてや中継ぎだとか、十分休養が取れるとはとても言えない投手、二軍から上がってきて「このチャンスを逃したくない」と思っている若い選手などは、本当に無理をして自らの体を酷使してしまいがちです。

働き場所を失いたくないし、痛みを隠して、言われるがままに黙って投げてしまう。そういう選手は、過去、何人もいました。

そういう体の悪い者が投げにいって打たれる、本人の評価が下がる。体にとってだけでなく、彼への評価にとってもマイナス。それどころか、チームにもマイナスになる。

そのあたりは当然、私は、「お前の状態が悪いのは、チームにもお前にもマイナスなんだ。お前は報告の義務を怠っている」と言って聞かせています。それでもチャンスを逃したくない思いが選手に故障を隠させるのです。

「外すぞ」という言葉は、その時の彼にとってはさびしいものかもしれません。でも長い目で見たら、それは彼にとって非常にプラスなのです。

人の痛みは見えません。ですが、それは必ずメカニックにおいて微妙な変化となって表れます。一緒にキャッチボールをしていたりすれば、どこか悪いところがあれば、すぐに見抜けるはずです。

いつも見ていれば、わかります。いつもより足の上げ方がややどうだとか、ひじがどうだとか……普段から選手のことをよく見ていさえすれば、わかります。メカニックでなくとも、ウーンと唸っているとか、同じ場所をさすっているとか、そこばかりほぐすような動作を繰り返すとか。いろいろなシグナルを出している。

よく会話を持っていれば、そういった会話の端々や表情からもわかることがあります。「どうだ?」と聞いても、絶対に「大丈夫です」と答える。「ダメです」とは言わない。でも、どこかで誰かには言っているものです。「ちょっと張ってきてるんですよね」と、親しいやつとかトレーナーには言っていることがある。

そういうのがあるから、彼がいろいろと言いそうな人に声をかけて聞き出してしまう。予防線を張っておいて、トレーナーやトレーニングコーチに「変化あったら言ってくれ」と声をかけておく。選手のほうでも「コーチには言わないでください」と言っているかもしれない。何かやってるかもしれないぞ、とそこでコーチが気がついてトレーナー室を覗けば、そこで何をしているか見れば、わかる。マッサージしている人に、「肩でしょう?」「腰でしょう?」とか探りも入れられる。

ビジネスの世界に置き換えれば、キャッチボールは仕事上のコミュニケーション、会話はたとえば昼休みや会社帰りのプライベートな部分でのコミュニケーション。どちらも大切で、どちらか一方だけでは隠れた〝故障〟はわからないものかもしれません。またトレーナーの話もしましたが、本人以外の周囲からさり気なく聞いておくことも大切なのではないでしょうか。

「年功序列」で遠慮して言わないでいると……

投手部門の責任者というだけでなく、私はヘッドコーチとしてチームをコーディネートする役目も仰せつかっていますので、前にも書きましたが二軍の試合や練習をひんぱんに見ています。それはどちらかの役目として見ているということはなく、ヘッドコーチという肩書きの鹿取が見ているということなのですが、もし私が方向づけたチームのピッチングの道筋とは「違う」と思えた投手がファームにいたら、即、その場でそのピッチャーの投げ方なりフォームなりを変えてしまっています。

ファームでは高橋一三コーチが投手を見ていてくれますが、ひと言、「このピッチャーは、このほうがいいと思いませんか？」と断ってから、そういう選手には直接コーチしてしまいます。その場に高橋コーチがいても、そうします。

高橋コーチ――堀内恒夫さんを「ホリさん」と呼ばせていただいているように、私は「カズミさん」と呼ばせていただいていますが――は、何しろ大ベテランで、私が小学生の時からジャイアンツで投げていた左の大エース。そういう大先輩より、現在の自分のほうが立場が……何というか、ヘッドとして全体を見るポジションにある。ですから、「違う」と思ったら、その場で直接コーチすることにさせてもらっています。

プロ野球の世界とビジネス社会を単純に比較することには無理があると思いますけれど、今、会社などでも年功序列などが少しずつ崩れて、「年下の上司」「年上の部下」といったものがどんどん出現している。そういうことに少し似た状況かもしれません。

ヘッドコーチとファームのコーチというのは職務、役割の違いと言っていいでしょう。そのあたりは、高橋一三さんのほうが長くプロの世界で飯を食っていますので、心得たものです。10歳下の私のほうに少しのやりにくさはあっても、チームがどういう方針でやっていくかはお互いよくわかっているから、「このピッチャーは、このほうがいいと思いませんか?」という私の問いかけにも、「おお、そうだな」という感じです。

高橋コーチから「この場合どうしたらいい?」と質問が来たら、「その場合はこうやったほうがいいです」と答えるし、「これでいいよな?」と確認が来たら、「それでいいと思います。あとはカズミさん、よろしくお願いします」とお願いすればいい。

大先輩の前でやりにくくないことはないですが、でも責任を取るのは投手部門の責任者である自分ですから。やはり、やらないといけない。それは自分のクビが飛ぶのが怖いから、ということで言っているわけではないのです。ちゃんとしたことをきちんと選手に伝えていかないと、悪いものはよくならないと思う。大先輩だから、いいや、これは黙っとこう……では、選手がよくならない可能性もあります。やっぱりよくなってもらいたい。それがチームのためになると思うとやっぱり言わざるをえない。黙っているべきではないと思うのです。それは、若いコーチに対しても同じことです。

やりにくいからといって、触らずにもう放ったらかしにしてしまえば、それは選手本人のためにもチームのためにもならないのです。チームを考えると、まず選手をよい方向に変えなくてはいけないということですから、言っていかないとダメです。

ただ、選手に結果が出ていれば別です。多少自分のイメージとは異なっていても、自分の見た範囲で「あそこが悪いけど、ここがよけりゃいいよな」ということもあるので、変える必要はないと思う。結果が出ない者を変えていこう、という方針ですから、結果が出ているのに「それは教え方が違う」と言ってしまうことは、絶対にありません。

「修正点」を意識させないコーチングとは？

ピッチャーの投げ方なりフォームなりを直すときには、本人にはわざとその欠点を意識させないでおいて直してしまう場合があります。

私とピッチャーとで、「フォームを直そう」という合意を作ってから改造にとりかかるのですが、これが改造の第1段階。本人にきちんとした意志がなければ、うまくいきません。ただ、次からが少し老獪というかコーチングの「手法」になってくるのですが、欠点を直すために修正点をズバリ注意するのではなく、一度少し違った方向に導いてやるのです。

ひとつには「小出しにする」というやり方。初めのうちは、本人にはフォームを直すためのきっかけだけを与えておいて、核心の一歩も二歩も手前のことしか注意しない。そのピッチャーに付いて見てくれているコーチにも、最初は「今は、直すためのきっかけをつかませることをやってますから、問題のところはまだ本人には意識させないでおいてください」と説明しておいて、少し直ってくれれば、次の段階で「今度はこうしようか」と言って徐々に直していくわけです。

迂回路を採る場合もあります。たとえば、違うボールを覚えさせてリリースポイントを高くしておき、投球角度をよくする、といったやり方です。そこに腕が来ないと投げられないような球種があるので、それを投げさせてトップをしっかりさせる。でも、それをやらせる時に、「このボールを投げると、実はひじの位置が高くなって、トップがしっかりするんだよ」ということは、言わない。「今やっている新しい球の練習は、実はそっちの欠点を直すためにやってるんだよ」ということなのですが、選手にはそのときには言いません。言わずにやらせる。新しいボールのほうに興味を持たせるようにしておいて、実は違うところをいじっているのです。取り組んでいる最中は暴投や低投しますから、リリースポイントを上げなければ投げられないということが体で理解できてくる。上手く投げられるようになってきて、初めて種明かしをするのです。

つまり、コーチが段階的に引っ張っていく。同じような修正点があっても、あるピッチャーには「テイクバックから直していこう」、別のピッチャーには「フィニッシュで形を作って直していこう」……と形が違う場合もあります。選手個々にどのやり方がマッチするのか、それを見極めることもコーチには必要な作業なのです。

「若いコーチ」は育てるものではない

若いコーチたちがヘッドコーチとしての自分の姿をどう見ているか。それはよくわかりません。ただ、コーチとして私は、選手を育てているつもりはあっても、若いコーチたちをコーチとして育てている感覚はありません。

それは、私もまだ若輩のヘッドだからでしょう。今後長くこのポジションに就いていくとしたら、やがてそういう思いも生ずるのかもしれませんが。それでも、選手は育てるものだが、コーチは育てるものではない、というような気はしています。

巨人の場合、斎藤ピッチングコーチと村田バッテリーコーチ、吉村バッティングコーチは、2002年がコーチとして初めて過ごしたシーズンでした。さまざまな面で新しい勉強をしながらやってると思います。もちろん現役の時の経験も豊富にあるし、また斎藤、村田は年数的にも現役からいちばん離れておらず、生の現場感覚も保てているコーチだと思う。

それにプラスして、やはりいろいろとコーチングのテクニックもこれから自ら覚えていかなければならない。彼らは1年目からリーグ優勝と日本一を経験していくことで、多くを学んだはずです。それがいい財産になり、彼らはいいコーチになるだろうと思います。

村田コーチの場合は、現役時代の捕手というポジションがポジションだっただけに実際、自分の経験から得たものをどんどんキャッチャーに話せばいい。斎藤コーチの場合は、彼は巨人の大エースだっただけに、これからたくさんの経験を積めば、若い選手たちにとってよき指導者となるだろう。

いずれにせよ、彼らは特に誰に育てられるということもなく、コーチとして育っていっていると思います。先輩コーチとしての我々……ヘッドコーチの私、総合コーチの篠塚、鈴木康友、西岡といったコーチとしての経験の長い者たちが作る雰囲気のようなものを見て、感じていくし、細かい疑問や注意点もその中から出てくるのだと思います。

その雰囲気とは何か？

村田も斎藤も、まだまだ、それぞれキャッチャーとピッチャーという自分のポジションから見た失敗・成功しか見えないと思うのです。新米の2人がバッテリー出身であることにも関係してくるのですが、コーチという職務で仕事をしていると、それぞれの担当分野という視点からものを見ている部分は当然ありながらも、バッティングコーチも守備走塁コーチも、担当ではない違う眼でゲームや練習が見られるようになっているのです。そこが野球というゲームにおけるピッチャーとキャッチャーの特殊性でもあるのでしょうが、彼らはまだ新米のうちは、なかなか自分たちの視点から広がらないのでは……。

でも、やがて彼らも、いろいろな分野のコーチが集まってミーティングをすることで、全体に引きずり込まれてくる。「ああ、そういうこともあるんだ、違う視点から見たらそういうふうに見えるんだ」ということを、まったく新しい空気のように感じると思うのです。それこそが先輩たちが作る雰囲気といったもので、その空気を吸っていくうちに、多方面からの意見も自身で噛み砕けるようになり、少しずつ視野が広がっていくのです。

ピッチャー出身の私も、これは経験してきたことです。

自分も、実際ピッチングコーチをやりながら、そういう雰囲気の中でだんだんピッチャー以外の視点を得てきて、いろいろと見えるようになった。

ただ、あくまでもピッチング担当のコーチだったので、当時は気になる点、気付いた点があっても、「こんなこと、専門外の俺が言わなくてもいいか」と考えてしまうことがあった。それが今はヘッドコーチなので、そういうことはどんどん言う。私がそういうことを言えば、「ああ、そうだ」と斎藤コーチも村田コーチも思うだろうし、他のコーチも思うし。そこで会話をしていく中で、コーチの勉強になっていくと思うのです。

たとえば今、私が試合後のコーチミーティングのなかで「あのときの走塁に関して……」ということを言っても、実際ピッチングコーチは、「走塁？　どこの場面だったっけ？」と思うかもしれない。でも実際には、そうやってミーティングと会話を重ねていくことで、走塁面の視点も彼は獲得していける。

会社でもこういうことはあるでしょう。現場を直接仕切るポストの方が、さらに昇進されて上の立場に行くと、かつての自分の部署だけでなく、会社全体のことも見えてくる、といったことが。それにしても一朝一夕ではその視点は獲得できないのかもしれません。

若いコーチたちは先輩コーチのつくる雰囲気の中で育ってゆくのです。

ひとつのミスを「反面教師」に高める

プロは勝つことが目的です。勝つ、すなわち仕事で成功をおさめるためには日々の問題点のチェックを怠ってはなりません。気になる点はすぐにでも浮き彫りにして、対策を考えていく必要があります。

ゲームでミスが出てしまった——。

でも、そういうプレーがあったその場で、選手にどうこう言うのではありません。その日の試合後のミーティングで、コーチたちがノートをもとに、試合中に書き留めておいた気になったプレーについて話します。ミーティング自体は短いですよ。10分とか15分です。それぐらいの凝縮した時間でやる。

野球というのはミスのゲームである、とも言えます。ボールはイレギュラーにバウンドしたりするのだから、ミスをしないわけがない。ミスは3回したら、もう点につながってしまう。逆にミスをしなければ失点はある程度防げる。要は、ミスをいかに少なくするかです。

だからまず、ミスを未然に防ぐために〝ミスの可能性〟をレクチャーします。コーチが「こういう場面では、こういうミスがありうるぞ」とあらかじめ選手に教えるのです。自分がしてきたいろいろな経験から、いくつもそういうパターンは話して聞かせられる。まずは、それ。

しかし、我々も想像しなかったようなプレーで、ミスが起きるときもある。その時は、やってしまった選手を「何やってんだよ！」と怒鳴りつけてもあまり意味がない。本人は一所懸命にプレーした結果で、でもその対処の仕方がわからなかった。その結果のミスなのですから。それは当然、我々のコーチングミスだったのです。いろいろな場合があって、いろいろなケースが重なって野球というゲームは進んでいくのだけれど、そのさまざまなケースの前提の話を何もしないで、そこでミスしました、と。それはもうコーチの説明不足、準備不足なのです。やってしまった選手に話すときでも、「あの時は、こうすべきだったな」という結論をある程度持っていって話さないと、選手は納得できない。こういう理由で、こうだったから、ここがダメなんだよ、と。

でもそう話すことで、その、やってしまったミスを全員が共通認識として持つことができます。すると、次にまた同じケースになった時に注意しやすくなるし、ケアもしやすくなる。そうやって、いくつもパターンを増やして持っていくのです。今まで、たとえば1から50までそういう想定パターンがあったとして、51番目がそこに加わったわけです。

だからミスの積み上げも、その都度それをきちんと処理していけば、それは皆の知識になる。ミスは、裏返せば、ひとつの勝つ法則に昇華する。だから、同じ51番目のケースをまたミスったときは、「何やってんだよ！」でいいわけです。ここで本人、わかるわけですね。「すいません。ああ、あれをやっちゃった」と思う。

ただし……実際にその言われている当人は、「ああ、俺やっちゃったんだ」と思うけれど、周りで聞いてるのは、「あれはダメだよな」って思いながらも自分のうっかりではないから、もう半分しか頭に入ってませんね。やった本人と我々コーチが「もう絶対やっちゃいけないよ」と肝に銘じている。だからもう本人も絶対しないと思うけれど、それ以外はけっこう他人事という感じ。

コーチはそれぐらいの感じで思っておかないとダメです。いざ自分の身に降りかかるまでは、人間、なかなか人の振りみて我が振りは直せないものです。やっぱり体験しないとわからない。

相手チームのミスも、やはりちゃんとミーティングの議題にします。「ああいうミスはしちゃいけないよね」と。逆に、うまくさばかれたときには、「あのプレーのときの、あの守備体形はよかったな。今度あれ、1回使ってみようか」という感じで話します。

身内のミスも反面教師、敵のミスも反面教師というふうに知識として高めてゆくわけです。

「成功体験」を味わう重要性

2002年、我々ジャイアンツは、リーグ優勝と日本一を経験できました。

その年間の結果が出たあとには、給料の査定がある。そこで高い評価を得た者が、そのまま高い給料を得るという世界です。それが個々の選手の知名度を上げたり、箔を付けたり……と、いろいろな部分で人生が変わってくる。

ものすごくわかりやすい世界なのです。

最近は、日本の普通の会社でも年俸制で契約する形も増えていると聞きます。プロ野球の世界とビジネスの世界の働く者の意識は、だんだん近づいてきているのかもしれません。

コーチの私としては、選手たちの給料が上がることがうれしい。

選手が、好きな野球をやっていて、それでいい思いができる。選手たちを教えている以上、やっぱり彼らにいい思いをしてもらいたいし、野球をやっている以上、野球でいい思いをしてほしいのです。

今私がコーチとしてユニフォームを着ている喜びというのは、選手を教えて、その選手が成功という結果を出して、またよくなって、優勝して、と、そういう喜びです。もちろんお客さんにも喜んでいただきたい。ファンあってのプロ野球ですからね。

優勝は、お金の面だけではなくて、たとえば……歳を取ってから、「この年、俺、頑張ったんだよ」って昔を思い出して言えるかもしれない。いや、意外に思われるかもしれませんが、やってる当人たちはこんな思いも持ってやっているのです。

そういうもろもろの宝を手に入れるために、選手たちは1年のサイクルを頑張り続けるわけです。

あのキャンプの苦しい練習、その前の自主トレ、さらにその前の秋季キャンプと準備して、走らされて、投げて肩痛めて、アイシングして……それがあって初めてシーズンを迎えられる。継続して練習することによって優勝、日本一を目指す。苦しい練習があって、やっと喜びを得る。

一度成功を手中にしてしまえば、どうしても欲が出ます。もう一回味わいたい、もう一回、もう一回と、やる気になる。自己管理にしても徹底します。

別のチームがいい目を見るシーズンもあります。ライバル会社が5社あって、たとえばいつも自分たちだけいい目を見られないとなったら、そうとう悔しいでしょう。

優勝できたらできたで、またやるし、できなかったらリベンジして取って代わりたい。優勝から遠ざかっていたら、そういう思いが消えてしまう。だから常に優勝争いのステージに自分たちを乗せておく。

ずっとそういう思いで、皆が野球をやっている。

我々職場は、つまるところ、そういう場所なのです。

そして、我々コーチは、選手たちのその思いを実現させるため、〝準備〟を徹底させ、リーダーを支え、泣いたり笑ったりしているのです。

第2章

成功から学び、
失敗から吸収する

現場でつかんだ
コーチングヒント

トレーニングで変化を「実感」する

中学の野球部ではとにかく走っていました。トレーニング法はもうそれしかなかった。監督が「走っとけ」って、それで終わりですから。グラウンドに自分が走った跡が道として残るんです。いつまで走るんだろうって感じだったですけど、言われれば疑問に感じることもなくひたすら走る。理由があって言ってるんだろうから、走っておけば何かいいことがあるんだな、と。

私の場合、上半身ががっしりと厚い……というイメージのようですが、中学生のときは、もう首の細いガリガリで、ヒョロヒョロのキャッチャーでした。そう、最初はピッチャーではないんです。最初キャッチャーを始めた理由は、小学生時代のソフトボールの時に、ベンチからいちばん近いポジションだったから。走っていかなくていいから、「俺がする」と、そういう単純な理由からです。で、中学1、2年のときはショート、あるいはセカンド。で、3年でまたキャッチャーでした。

高校は高知商業。入学したときに、「ひと冬越せば体もでかくなるから」と言われました。で、またとにかく黙々と走る。本当にでかくなりましたね。走る、そして「ああ、でかくなったな」と実感する。「やっぱり変わるんや」って。

高校に行ってもキャッチャーでしたが、1年生の夏前に左ひざが痛くなって、辞めようかというぐらい痛い時期がありました。「マネージャーでいいから野球をやりたい」と両親に言った記憶があります。結局ひざは治るのですが、高校1年のときはあまり野球をしたという感じはない。バッティングキャッチャーを務めるぐらいでした。1年生の冬の頃は、毎日のようにバッティングピッチャーになって、一時間ぐらい投げてました。2年になって、同級生にうまいのがいたのでキャッチャーはあきらめ内野に回りました。ショートで試合に出て、暴投放って、「お前交代じゃ」って立たされたり、ボール拾いに回ったりと、そんな状態でした。

2年の7月……県予選が始まる前のこと。いつものようにブルペンキャッチャーで球を受けている時に、総監督が「そこ、2人替われ」って言うんです。隣でも受けてるキャッチャーがいましたから隣と替わったら、「そうじゃない、こっちに替わるんだ」と。横じゃなくて、縦に替われ、と。で、ミットをグラブに換えて、私が投げた。「お前、今日からピッチャーじゃ」って言われました。で、ピッチャーになったんですよ。そのすぐ後に、鴨島商業っていう徳島のチームが遠征に来た。最初、3年生が試合をやって完封で勝って、2試合目で、「鹿取をピッチャーにします」って言われました。終わったら、これが3対0のノーヒットノーラン。わけわからないけど、いきなり結果が出ちゃいましたね。

もうその頃から、サイドスローです。バッティングピッチャーをしていた時に一番楽な投げ方を覚えたんです。県大会では、背番号16番をもらってベンチ入り。もらえるなんて思ってませんでしたから、「16番、鹿取」と呼ばれた時は、「おお、ベンチ入りじゃ、すごいな」と思いました。2、3試合投げて、1点か2点取られたと思います。そのときの3年生のチームが甲子園出場を果たし、私も今度は背番号10をもらって、甲子園に行ったわけです。

1973年の夏です。注目は、何といっても作新学院の江川卓さん。我々は2回戦で山倉和博さんがいた東邦を5対3で破り、ベスト8まで行って準々決勝で、優勝する広島商業に2対7で負けました。初回に3年生の先発ピッチャーが足がつって3点を取られたため、私が2回裏から投げました。5回⅓を投げて4失点。6回裏、ワンアウトからレフト前にヒットされた後、2―2から高めの球を左越えにツーランされた。打ったのは、達川光男さん。7回にまたピンチにして、マウンドを降りました。

甲子園の初マウンドでしたが、同時に最後のマウンドになってしまいました。
自分たちが3年のときは私がエースのチームでしたが、県予選の3回戦で負けました。高知高校に0対2の完封負けでした。打たれたヒットは1本。ヒット、バント、アウト……で、ツーアウト、ランナーセカンド。レフトフライをウチのキャプテンがエラー。で、1点。もう1点取られたけど、あとはノーヒットですよ。事実上の決勝戦が、この高知高校戦でした。今、ヤクルトのコーチをやっている1学年下の2年生だった杉村繁が、高知高の4番でした。

高校卒業後、私は明治大学に進みました。神宮で投げたい……と思ったのは、やはり自分たち3年生のチームが甲子園に行けなかったことが理由の第一です。私、高校の卒業アルバムに、「甲子園!」なんて書いてるんですよ。アホや、と。何を書いてるんや、って自分でおかしくなります。やっぱりそれを本気で目指してやっていて、ある意味、悔いが残っていたんだと思います。

準備の量が「自信」を持たせる

明治大学は、その当時、高知商とはつながりがあって、2つ上の先輩が3人も進んでいたし、自然な流れで進学しました。でも、意気込んで参加したセレクションで、少しはあった自信が見る見るしぼんでいきましたね。静岡商業のエース、甲子園ベスト8の高橋三《み》千丈《ちたけ》の球が、もう速いの速くないのって……いや、文句なく速いんですけど……もう、豪快なフォームでね。ビュンビュンやっていた。えらい所に来てしまったな、と思いました。

1年生の時はバッティングピッチャーです。登板はそれだけで、風呂焚き当番に食事当番。でも「今はこういう段階なんだな」と考えて、別に何とも思わなかった。

そんな私も、1年秋から徐々に認められるようになり、2年の春先にはシートバッティングで島岡吉郎監督の目に留まり、春のシーズンからベンチ入りすることができました。

呑気な話ですが、「あの島岡監督の明治大学だ」という思いはほとんどなく入学した私は、明治の合宿所に入って初めて、この監督の熱血指導のすごさを認識しました。

監督は試合中に「何とかせい」と言う。何とかするためには、〝準備〟が必要だ。準備というのは練習のことで、他校が1時間の練習だったらウチは3時間しよう、他校が2時間なら4時間やろう。4時間も何するんやろう？と思うのですが、要は準備なんです。人の倍は練習しなきゃダメだ、すべて、何においても準備が必要だということをおっしゃった。とにかく島岡監督の準備の量はすごかったと思います。他校の2倍も3倍もやることで自信を持たせる。準備の量に関しては負けてないという、心の強化。そこから監督のよく言う「人間力」という言葉が生まれる。これで負けるわけないというわけです。

3年の春のシーズン、早稲田を相手に延長15回を戦ったことがありました。エースの高橋三千丈が5回まで投げて0対3とリードされ、私が6回から13回まで投げました。私は登板していきなり、2年の岡田彰布にホームランされ0対4にしてしまうのですが、こっちも9回に追いついた。15回で引き分けというルールでしたから、「とにかく15回までゼロに抑えよう」と必死で投げました。そして、15回裏にサヨナラヒットが出て勝った。

島岡監督は「よくやってくれた」「ありがとう」と声を上げて、皆の前で泣くんです。こうなると、「ああ、野球をやっていてよかった」と思ってしまうんですね。でも、そう思わせる〝巧《うま》さ〟みたいなものも、監督にはあったんじゃないかとも思います。

「効率」のよい手法はからだで覚える

当時の東京六大学リーグは、やはり江川さんのいた法政が強かった。そして早稲田も強敵でした。合宿所には、島岡監督が字のうまい部員に大きな字で書かせた「打倒江川」「打倒早稲田」の紙がいつも貼ってありました。「打倒法政」ではなく「打倒江川」なんですね。それから、「帝国大学（東大）に負けるな」とも、監督はよく言っていました。

私は、4年生になって春のシーズンも終わった後のオープン戦で滅多打ちにされて、早々にマウンドを降りたことがありました。

監督に、「ブルペンで1000球投げろ！」と言われました。

言われたら、投げるしかない。試合中から投げ始めて、試合が終わっても、こっちはまだ終わるどころか、キャッチャーが3人替わっても、ゴールは遠い。

監督は、いきなり速いボールは投げるな、と言ったんです。「山なりのボールでいいから投げてこい」と。でも、山なりの球なんか、そんな何回も投げられないですよ。だんだん球が速くなってくる。

パーン、パーン、とミットに投げ込んでいきます。受けるキャッチャーが、球数を数えてくれています。で、同級生のキャッチャーが、「もうやめろよ」「ごまかせよ」と言ってくれるのですが、私は、「最後までやる」「せっかくだから最後までやる」「ちゃんと数えろ」とこたえました。「ごまかすなよ」とも。

「監督め、見とれ」という気持ちも当然ありました。「１０００球ちゃんと投げてやる」

９００球台になったときには、もううれしかったですよ、本当に。

そんな数投げていると、頭がボーッとするというか、余分なことをまったく考えなくなります。雑念が払われてしまう。もう、フォーカスはミットにしか合っていなくて、そこしか見えなかったですね。ボールが返ってきたら、同時にもう足が上がってましたね。あ、勝手に足上がってるよ、って。ボールもらったら、もう足がピッと上がって、エイッていう感じですよね。えっ、こんななるんやって思いました。そういう状態になるのは、500球ぐらい投げたあたりだと思います。でも、島岡監督の指導のもとでは、300球とか500球は当たり前でした。

で、1000球めがキャッチャーのミットに収まる。最後も、ボールはバーンと行ってましたよ。

うれしかったですね。キャッチャーに「大丈夫かよ」って言われて「大丈夫じゃねえよ」ってこたえるんだけど、もう体が勝手に動いてしまうんです。歩き始めたら、足が勝手に上がっちゃうよ、という状態でした。

最後まで、手抜きなしで投げ続けました。1000球終わって、キャッチャーが立ち上がった後、クールダウンでまたキャッチボールするんだけど、もうボールは低めにしか行かなかった。すごい経験したな、と思いましたね。

これだ！とわかったのは後のことになるのですが、力ではなくバランスで投げればいい。そうすれば生きたボールが行く。この感覚は、島岡監督の、理も何もあったもんじゃない「ブルペンで1000球投げろ！」という命令のおかげで得られたもの。足と腕、そして腰が勝手に動いて回転して、ボールを投げていた。無意識で、いちばんいい投げ方ができるまでやった。

そういう体の使い方を覚えた、自分の中でつかんだんだと思うんですね。監督の狙いも、そこにあったんじゃないか、と。どうすればもっとも効率よく投げられるか、体で覚えろ、こういうことを言われたんじゃないかと思います。普通なら、そんな無茶をしたら、壊れるかもしれないし、「やってられるかい！」となるかもしれないけど、やはり島岡監督に言われると、何か呪文をかけられたような感じになっていたんです。まさに呪文と言うしかない。絶対服従というのは、怖いからだけではないんです。そういうことがだんだんわかってくる。怖いことは怖いんですけど、投げろと言われたら投げるしかないんです。何クソっと、「今度抑えたろじゃないか」という気持ちになる。そのあたりをくすぐられたような気がします。

仕事でも……ルーティンでつまらないようなものでも、やれば、何かそこから出てくるものがある。繰り返しやることで、いちばん効率のいい手法を本人が体得できる。言葉ではなく、それを認識させるのがうまいコーチかな、とは思います。我慢せい、でなく、そういうステップを理解させてしまう。理解できれば、結果も出て、次のステップに進める。

この1000球は語り草なのですが、島岡監督のスパルタのおかげで、私は500球ぐらいは毎日投げていました。私の基礎はここで強くなったことは間違いない。「何とかせえ」とか1000球というのに、実際のところ科学的な根拠を求めるのが無理でしょう。でも島岡監督がいたから、今の私があり、あの練習もその後の私を作るための準備だったことは間違いない。島岡監督とやり方は違うけれど、今でもその準備の考え方は、私のなかで思想として生きている気がします。

「二番手」というポジション

1978年は、私が大学4年生になった年です。法政も江川さんが卒業して、私たちは「今度こそ明治の時代だ」と意気込みました。

2年生のときから一緒に頑張ってきた高橋三千丈がキャプテンになりました。そして、ついに春のシーズンは待望の優勝。6月の大学選手権では日本一になっています。

この4年の春のシーズンぐらいから、高橋が後ろに回って、私が先発するケースが増えたのです。それはキャプテンの高橋が、監督に「鹿取で行きましょう」とささやいていたせいなのです。困ったらいつも、「鹿取、行きましょうか」。

私は、いつも「また俺行くのかよ、この野郎っ」という感じで投げていました。

実力は高橋が上。これはわかりきっていましたから、私はいつもエース高橋の後ろからその姿を見ていて、自分で自分のことを、「二番手」だと思っていました。

「俺はちゃんと、試合は投げるよ、でもトップには行かないよ。お前がエースでキャプテンなんだからな」ということで、これは常々口に出して言っていました。「お前はエース、俺は〝ピース〟だから」……。いつもそう言ってました。

けっして負け惜しみではありません。二番手というポジションにいると、いつも上に目指すべき次の目標がある。

次に向かって頑張れる。

そういう意味で、二番手という立場が好きでした。今も好きです。

でも、意外と二番手はキープがきつい。それは、三番手にはなれないからです。

二番手は、場合によっては一番手の代わりをしなくてはいけない。エースの代わりをしなくてはいけない。そしてもちろん自分の二番手の仕事はきっちりする。二番手というのは、だから……二番以上であることを求められるポジションなわけです。

本来先発の高橋が、「明日、行ってくれねえか」と言う時がある。私は「お前、行けよ。初戦はエースが行くの当然だろ」と言うのですが、「監督に、お前って言っちゃったよ」とキャプテンが言う。となるともう、「うーん、しょうがねえな」……ということになる。

当時、明治では〝二枚看板〟というふうに言われていました。2人エースがいる、と。

でも、エースは高橋なんです。大学での通算勝ち星では、私が21勝で、19勝の高橋より2つばかり多くなっていますが、豪快なフォームで、彼の印象のほうがずっと大きかった。

球のスピードと勢いが私とは全然違いました。あいつも上背はなく、私より2、3センチ大きいぐらいだったのですが。

負ける試合でも、絶対に流れを変えておかないといけない——というときには、私のほうが行っていた気がします。行っておいて、いい所はエースに渡す。それが当たり前。こっちから見てると、「いいなー、あいつ」と思うこともあります。でも、一番手、エースに花を持たせることが悔しかった、ということはほとんどなかった。

チームが勝てばいいんです。リーグ戦だったからかもしれませんが、高橋がいいピッチングをしたら、「どうやって抑えたの？　お前、どこに投げたの？」と聞きますよ。「どこ投げりゃいいんだよ」って聞いて参考にして、二番手が次に行って抑えれば、それで勝ち点を取れるわけです。「どこ投げた？」「どんな感じだった？」って。チームプレーですよね。エースが抑えるのは当たり前、ですから。

後の話になりますが、私は、仕事として……プロへ入ってからも、リリーフという、とにかく人の後ろからしか出られないポジションをずっとやってきました。中継ぎから始めて、やがては抑え（クローザー）になり、いちばん最後に投げる。常に人の姿を後ろから見ていて……。

まったく抵抗ないんです、そういうの。まったく問題なく、ナチュラルにそれをやってきました。「二番手」というポジションは自分のもっとも活きるポジションなんだ――そう思います。

自信を失った時にこそ「自己認識」を深める

〝ビース〟を自認し、二番手として頑張ってきた大学野球生活も、終わりが近づいてきました。4年秋のリーグ戦で優勝できなかったのは残念でした。

卒業後は、私の場合、社会人野球に道が続いていました。1978年11月22日のドラフト会議の前日の新聞に、すでに「鹿取、日本鋼管へ」と出ていたぐらいです。社会人で野球をやって、現役を引退したらコーチでもやって……と、私は私なりに新しい〝次〟への夢を描いていました。中尾孝義（専修大）、堀場秀孝（慶応大）、金森栄治（早稲田大）の3捕手や、内野手では石毛宏典（駒沢大）や居郷肇（法政大）らが行くことになっていたプリンスホテルに、私も1期生として行きたいと思っていたのですが、島岡監督に猛反対され、日本鋼管に決まっていました。

だからドラフト会議の当日も、島岡監督が「一応用意しとけ」と言ったために、高橋三千丈と一緒に取材に備えて合宿所で待機したものの、当然、私の指名はなし。高橋は中日ドラゴンズが1位（社会人ナンバーワン右腕だった住友金属の森繁和〈→西武〉の外れ1

位）で指名しました。同じ明治の外野手・豊田誠佑（現中日二軍コーチ）も、中日がドラフト外で獲るらしいことがわかって、いや本当にうれしかった。「やった！　同期がプロに入るよ」って、そういううれしさです。プロ野球というものは、観るものだと思ってましたからね。「頑張れよー、三千丈ぇー」「豊田もよかったね。やったね！」と、もう同期が行くだけでも単純に「やったァ！」と思えましたから。そのときはまったく、自身がプロへ行くということは頭の中になかった。一度合宿所を出て、アパートに帰ると、すぐにマネージャーから電話で呼ばれました。「監督が呼んでいる。すぐに来い」。

そして、島岡監督に「お前、沢田スカウトに会ってこい。お前、ジャイアントに入れ」「日本鋼管は俺が断っとく」と言われたのです。巨人の沢田幸夫スカウトは明治のＯＢで、島岡監督とはツーカーの仲の人です。実は巨人はこの年、ドラフト会議をボイコットして、誰も指名できなかったのです。そのためどこからもお呼びのかからなかった私を獲りにきた、というわけなのでしょう。結局その後、高知の実家に帰り、2、3日考えてから結論を出しました。巨人がこのとき上位指名を予定していて、自らボイコットしたために指名を断念、ロッテが3位に指名したのが……東芝府中の落合博満さんでした。巨人は私に対して、中日ドラフト1位の高橋三千丈と同等の条件で、という誠意を示してくれました。

こうして私は、巨人軍に入ることになったのです。

社会人から一転、自分でも驚きのプロ入りでしたが、自信がまったくなかったわけではありません。明治に入る際のセレクションでも並みいる甲子園組に対して「こりゃ、えらいとこに来てしまったわい」と思った私ですが、こうして頂点であるプロに到達するまで這い上がってきたのです。「体は小さいけれど、ボールを持たせてみろ。俺にだってできる。負けないぞ」と燃えていました。

——そんな自信は、何の根拠もない「妄想」だと知るのに、それほど時間はかかりませんでした。

1月も10日頃には、もう多摩川で合同自主トレが始まります。エース堀内恒夫さん、加藤初さん、新浦壽夫さん（77、78年と2年連続で防御率1位。78年は、加えてセーブ王）や、小林繁さん（76年、77年と18勝でチーム最多勝）。それに浅野啓司さんもいて、皆、球が速すぎる！　やはりここでも、「えらい所に来てしまった」と思ったのです。

でも、自信をなくしたのもいっときのことで、すぐに私は自分の生きる道に気づきました。その第一歩は、自己認識。つまり自分を見つめてみることでした。

豪華な投手陣ではありましたが、サイドスローのピッチャーは多くはない。この横手からの投法を活かして、何とか生き残るしかない。

サイドスローのピッチャーは、25歳の小林繁さん（前年78年は、43試合、13勝12敗、投球回数は191回1/3。防御率4・10でリーグ15位）と、岩国工業高出身の5年目、同い歳の田村勲（前年78年は、16試合、1勝0敗、投球回数は24回1/3。防御率2・63。規定投球回の数130にはまだ達していなかったが、一軍に定着しつつあった。00年に惜しくも逝去）の2人だけ。そこに私がポンッと入った。3人しかいないのです。速すぎる小林さんのボールを見ながら、何か盗めるものはないか、と思っていました。

そして1月31日。宮崎キャンプに出発するため集合した羽田空港で、小林さんが球団職員に手を取られ、ひとり去っていったのです。江川さんとのトレード。……サイドスローの投手が、それも一番手が、いなくなった。

3人のうちの1人から、2人のうちの1人へ。世の中が江川―小林のトレードで騒然となっていたとき、新人の私はそう考えて、頑張ってみることにしたのでした。

宮崎キャンプ4日目に、浅野さんが足首を捻挫し、私は一軍に昇格します。こうしてプロとしての生活が始まりました。

プロがポジションを獲得する「段階」

「2、3年やってみてダメだったら、それはダメなんだろう」

私はこう考えて、プロ生活をスタートさせています。先輩たちの投げる球を目にして自信をなくし、それでも小林さんがチームを去ったことで〝二者択一〟というかたちで、「こいつとだったら、いい勝負ができるかもしれない」と思えた同い歳の田村。それから他にも、西本聖、定岡正二、角三男（現・盈男）、藤城和明……といずれも同世代のいいピッチャーがたくさんいる。やがては1歳上の江川さんもそれに加わってくる。

私も、彼らと同じステージには上がっているわけです。そのステージのトップにはもちろんいないけれど、同じ〝プロ〟というステージには私も上がったわけです。やってみなければどうなるかわからない。

2、3年、死ものぐるいでやってみてダメだったら早く見切りをつけよう、レベルが高いところに入ってしまったのだから、長くやってもダメなものはダメだ、と決めたのでした。

初登板は、いきなり開幕戦でした。4月7日の対中日戦（後楽園球場）。二番手として8回表ツーアウトから投げました。高木守道さんと対戦。シュート気味のストレートを、高木さんに見事にセンター前に弾き返されました。「やられた！」振り返ると、センターの柴田勲さんが、そのライナーをスライディングキャッチ。いきなり緊張感の中に放り込まれたわけです。

6月9日の対中日戦（ナゴヤ球場）。4人目の投手として登板し初勝利をあげ、1年目は38試合に登板、3勝2敗という結果でした。負け試合に投げることが多かったから、勝つ試合に投げる人に負担がかからないよう、「ここはできるだけ引っ張ろう」という気持ちで投げていました。

負けているゲームで自分が長く投げておけば、勝ちパターンの試合に投げるピッチャーの人たちの負担が少なくなるわけです。私が早くつぶれてしまったら、そういう人がマウンドに行かなきゃいけなくなるかもしれない。そして翌日のゲームの大事なところで、いざその人が行くとなったときに、負担が残ってしまうわけです。そういうことにならないように、ここは自分が長く投げて引っ張っておこう――と、こういうわけです。

そりゃ、誰でも、負け試合なんかじゃなく、いい場面で投げたいです。でも、豪華投手陣の中で、さして球も速くない、背も小さいドラフト外の私が「俺、先発で10勝します」なんて言っても、バカ言ってるんじゃない、と言われるのがオチです。

まずは、負けているゲーム。それが私の出番でした。ここで頑張らなきゃいけない。いい場面で投げたければ、まず与えられた負け試合でいいピッチングをして、それを使ってくれる人に見せる必要があります。「こいつ、いい球投げるじゃないか」と思わせないといけない。

ここはできるだけ引っ張ろう――なんて、なかなか謙虚なことを言っていますけど、実は、負けているほうが投げやすいんです。気分的にも楽に投げられるし、打順が回ってきても代えられないで済む。負けている試合にそうピッチャーをころころと代えるわけにいかないから、自分のチャンスが多く来るし、そこで抑えれば、評価も上がるだろう、と思って投げていました。勝ちゲームをつぶしたら悪印象が残りますが、負けゲームなればこそ、伸び伸び自分をアピールできる。

「負け試合でこそ、きっちり結果出すんだぞ」という気持ちで投げればいい。というより、そこしかまだポジションがないのですから、そこで頑張るしかない。

頑張って失点しないで抑えていって、まず防御率で頑張ろう、と。私は、ピッチャーの評価は防御率だと当時から思っていたので、負けている試合でも勝っている試合でも、自分の仕事をすればいい。結果を残して、給料を上げよう、と思っていました。

最初はやはり、調子がよくて出たくても、出られないことが多かった。だから負けているゲームの1イニング、2イニングから始まって、それが次第に、負けているゲームの3イニングぐらいになって。そこで結果が出れば、同点のワンポイント。またそこで結果を出せば、同点の1イニング。次は、勝ちゲームのワンポイント。で、次は勝ちゲームの1イニング……と段階を経なくてはいけない。

だから、「俺、これだけ調子いいんだから、先発させてみろ」とは考えなかったのです。謙虚だったのではなく、本当に考えなかった。それは、もちろんチームの方針があるし、それに加えて、自分で、「たぶんプロのピッチャーは皆そうやってやってきてるんだろう」という思いがありましたからね。今、それを自分も経てきてるんだろうと考えていました。

それをやらなくては絶対にいい場所、ポジションは獲れない。そこに行くにはこの道を、ここを通らなくてはいけない。ここをクリアしなくてはいけない。そう思って投げていました。ルーキーイヤーの成績で3勝2セーブしていますが、セーブは勝ちゲームに投げさせてもらったわけですけど、勝ちは、サヨナラが転がり込んだ……たぶんタナボタでしょ。

自分の「限界」――長嶋監督から教えられたこと

人間は、ある環境にぶち込まれたら、不可能と思えることもできてしまう。あるいは、できるかもしれない。私は1年目のシーズンが終わったすぐ後に、そういうことを学びました。そして、そういう体験は必ず自信につながる。そう思っています。

新人ながら、3勝――。即戦力との評価をもらった私のプロ1年目でしたが、チームは5位（勝率・483）と低迷しました。そこで、1979年11月下旬から始まったのが、静岡県伊東市の伊東スタジアムを舞台に行われた「地獄の伊東キャンプ」です。

私の1年目は、長嶋茂雄監督の5年目。当時まだ44歳と監督も若かったので、シーズン中には、いろんな選手、ピッチャー連中が監督室に呼ばれて〝叱咤激励〟されたわけです。私はそういう場には呼ばれなかったのですが、とにかく監督は元気がありました。カーッとなってベンチを足で蹴り上げて、足首を傷めたりしていました。その若い長嶋監督が、5位という結果に直面したときに、やはり「変えなきゃいけない」と考えたのでしょう。ちょうど選手が、V9戦士の人たちから若手へと入れ替わりになる時期に当たっていました。監督は、特に若手を育てなければダメだ、と思ったはずです。新しい年代の戦力を整えてチームをガラッと変えようとしたと思う。確かに、それだけいい素材がいた。ただベテランも大勢いたので、シーズン中になかなかそういった若手を使えなかった。じゃあ、彼らを呼んできて、やろうじゃないか――という発想が、伊東キャンプだと思います。中畑清さんとか、河埜和正さん、山倉和博さん、山本功児さん、淡口憲治さん、中井康之さん、それから松本匡史さん、篠塚利夫、江川さん、角、私など……若手ばかり17人が、伊東スタジアムに連れて行かれたのです。

秋のキャンプなんですが、あんなに練習したのは初めてでした。その練習量たるや、明治大学時代に培われた私の「人間力」をもってしても、いかんともしがたかった。１００0球は肩の限界であって、伊東というのは体力の限界。と、こんな感じです。自分の限界はどこにあるか。それは伊東にある。筆じゃ書き尽くせないし、言葉でも語り尽くせない。

練習時間はさして長くないけれど、とにかくハードでした。よく走った。普通の平らな地面を走るのではなく、地球の重力にこれでもかと逆らって、階段や坂道を登って走った。距離で考えたらたいした長さは走っていませんが、角度が違った。そういう感じで50メートル×１００本とか。

ところが、人間っていうのはすごいです。そういう環境に入ったら、そういうことができてしまう。それは、皆がいるから、できたんです。皆が皆の顔を見ながら、やっていく。ひとりやふたりだったら、できません。お互いに顔を見合わせて、「やろうか」という感じ。もちろん、ただ走っていたばかりではありません。〝実技〟はうれしかった。〝実技〟って野球の練習のことです。野手はノックを受けたり、バッティング練習。我われ投手陣はもちろんピッチング。それぞれ課題があって、江川さんはカーブをマスターする、とか、角はフォームの改造、松本さんはスイッチ打法に取り組む。いろいろありましたが、ともかく〝実技〟とも呼んでいましたが、この時間だけが楽しかった。体が張っているから、やはりそういう時に覚える体の使い方があると思うんですよね。私は、その後の私にとって武器になるシンカーを覚えるきっかけをつかんだと思います。

ただ、もうその楽しい〝実技〟に取り組んでいる時点で、皆、練習の最後のメニューのことを考えていました。もちろん、最後はいつも走ることが待っていました。それが終われば、宿舎を這って……あとは寝るのだけが楽しみだった。そして、起きたら……今さっき寝たような気がするんだけど、すぐ朝で、宿舎から下を見ればグラウンドがあった。そういう野球漬けの、本当に短い期間でしたが、いろいろな野球のエキスが転がっていた日々でした。私たちは、しんどい中で、本当にいろいろなものをもらったような気がします。〝実技〟の少ない野球だったけど、メンタル面を強くさせてもらったり、ボールを使う「楽しさ」を思い出させてもらいました。それほどギリギリのところまで自分を追い立てて追いつめた。だから終わったときの解放感といったら、なかったですね。

ただ、そういう心地よさに浸っているいっぽうで、「これだけやったんだから、このまま終わっちゃいかん」と痛切に思いました。この伊東キャンプで、まずプロの選手としてやっていく上での体力という基本ベースのところを鍛えてもらった。

その影響かどうかわかりませんが、翌80年のシーズンには51試合に使ってもらった。4勝3敗3セーブ。防御率1・78です。私の記録のなかでは、防御率1・78というのは2度やっていますが、ベストの数字です。51試合というのも4番目に多い登板数です。

この年、江川さんは16勝で最多勝、西本も14勝、定岡は9勝、角も12SPです。

私はまだ敗戦処理が多かったのですが、中継ぎとして、少しずつでも自分の場所＝ポジションを見出し始めていました。長嶋監督辞任と王さん引退の80年でした。

「自己管理ノート」の書き込み方

仕事をやり始めて、それに慣れて順調に来ているように見えながら、やがて壁にぶち当たってしまう時期というものがあります。

私の場合、3年目にそういうことが起こりました。

1981年、藤田元司新監督となった巨人軍はベロビーチキャンプからスタートし、順調に飛ばして、9月23日にはもうゴールに駆け込みます。ONもいない巨人でしたが、中畑さんはもう「絶好調」だったし、新人の原辰徳は22本のホームランで新人王、篠塚は打撃ベストテンの2位、3年目の江川さんが初の20勝（6敗）なら、負けじと西本は18勝。定岡も先発の3本柱に成長して11勝、角が9連続セーブの日本記録を作れば、松本さんも75盗塁……と、79年秋の伊東キャンプでしごかれた面々を中心に〝ヤング・ジャイアンツ〟たちが飛び出した結果のVでした。

ただ、私はこの年、オールスター休みの時のバント練習中、バッティングマシンの球がシュート回転してよけきれず、右手の小指の付け根を骨折してしまった。だから後半戦はまったくお役に立てなかった。81年の登板数は22です。骨折の後、ギプスを外して初めて1球目を投げたときには、ボールが思った方向と全然違うほうへ行ったんです。今まで通り投げても力がまったく入らない。そのときは、「終わったかな?」と思いました。そのぐらいよくなかった。そろそろヤバいかな?……「ヤバい」というにはまだ3年目で時期的に早いかもしれませんが、まったく自分の体が思うようにならず、結果が出なかった年でした。日本ハムファイターズとの日本シリーズでも、やはりベンチ入りしなかった晩年の堀内さんとふたりで、寂しくしていました。

この年のオフに、私は秋季練習に連れていかれて、「フォームを変えろ」と言われました。一応取り組んではみましたけど、元に戻しました。自分のフォームへのこだわりというよりは、変えたフォームで投げていると腕がとても張ってくる。この投げ方はどこかが違うな?と思って、それで元に戻したわけです。そのことで、ピッチングコーチは何も言ってくれなかった。でも、勝手に戻した。それでもコーチは特に何も言わない。

烙印を押されたと思いますよ。「あいつは使っちゃダメだ」っていうかたちで。でも、82年（登板数21）も83年（登板数38）も一軍にはずっといたんで、自分の中ではすごく頑張っていた3年間だったかもしれない。勝ち星は、1勝（81年）、3勝（82年）、5勝（83年）。

防御率も２・３７、４・５、３・６４……とやっぱり悪いし。

仲間たちは頑張って結果を出しているのに、自分だけ結果が出ない。中継ぎをやり、抑えもやり、谷間の先発もあった。自分に自信が持てず、だから首脳陣も私の特性がつかめなかったのだと思います。厳しいつらい時期で、でも自分では野球に対して真剣に考える時期だった。それこそ円形脱毛症になるぐらい悩んだというのは、４年目の82年頃のことだったと思います。

だからせめて、自分のできること以下にはならないように、と思って投げていた。

同時に、自分の体調などに関して、ノートをとるようになったのが、この頃です。

たとえば、キャンプの期間中から3月のオープン戦にかけて、２０００球ちょっとぐらい投げる。最初からたくさんは投げられませんから。50球から始まって、50、80、１００球と行って、どこかで２５０球とか３００球とか投げる日を作る。

その時に、自分の体で張ってくる部分が決まってるんです。そういうことをノートに書き留めておく。毎年書いておけば、ある部分が張ってきた時にノートを開いて、「ああ、来てる来てる」「よしよし、今年も大丈夫だな」というのを確認できるんです。張る部分が、いつもと違う所じゃなければ、いい感じで、いい張りしてきてるな、と。「この時期にここが張って……きてるきてる、合ってる合ってる」って感じです。例年と違う所に張りがきたときには、「んっ？　ヤバいかもしれないな」と思うけれど、同じ所が、しかも順番通りにきていればなおよい。背中、きた、肩、きた……。で、ひじの張りが取れなかったら、おかしいな、ひじ突っ張ってるな、張りとらにゃな。ここでノートを見て「ああ、前は遠投してとれたんだ」「じゃ、遠投しよう」とか、そういう対策ができる。

自分の体のメカニックがうまく回るようにするための目安としてノートを取る。だからノートに書くことは、毎年くり返しが多かった。ほとんどがリピートだった。でも、それは、書くことで体調を確認してもいるわけです。

自分の体のことだから、自分しかわからない。トレーナーも、張ってるということはわかっても、その張りがどう張っているかまではわからないですから。自分の感覚っていうものをやっぱり大事にしていきたかった。それが自分のこの腕で稼いでるという意識なのだろうとは思います。やはりそのためのトレーニングも、1月の自主トレの期間中にしっかりやっておきたい。自分でやらなくてはできません。

壁にぶち当たった時期というのは、こうして自分を振り返り、自己確認する時間を持たせてくれたわけです。

組織を活性化させる「ライバル」

私が壁に直面していた81～83の3年間は、チーム自体は2度のリーグ優勝に1度の日本一と、とても乗っていました。

あの地獄のキャンプで鍛えられた若手たちが、優勝を2回も経験したのです。やはり伸びるのも早い。いい経験をする際に、ベースである体のほうは強くしてありますから、結果が伴ってくるとそれがまた自信になって、とてもいい効果が出ていたのだろうと思います。

このころの江川さんはすごかった。82年の夏頃から肩の調子はよくなかったようですが、素晴らしいピッチングだった。

そして、西本もそれに匹敵する活躍を見せました。

81年の沢村賞は、結局西本が獲ったのですが、どっちが獲ってもおかしくない争いでした。印象のあるピッチングをする西本（18勝12敗）なのか、投球術のお手本のような江川さん（20勝6敗）なのか。江川さんは完壁に近く教科書通りのピッチングをする。それができること自体すごいことなのですが、江川さんの「これがピッチャーだ」というきれいなピッチングと、西本のような、「これもピッチャーだ」というピッチングがチームのなかで競り合っていました。

私と同年齢の西本は、ドラフト外で、下から這い上がってきたピッチャー。エリートと言えば江川さんがエリートかもしれないし、雑草と言えば西本かもしれない。でも、高校時代から西本はいいピッチャーでした。だから、私などから見れば、彼は雑草ではありません。

とは言え、甲子園のスターだったやはり同年齢の定岡と比べると、西本はまったくスターではなかった。そういうライバル視する選手が常にいたので、西本はいつもメラメラ燃えていたと思うんです。

彼のやっている練習は、他の選手より質の高い、よりキツいものでした。私は、それを見て、「プロはこんな練習をするんだ」って思いましたものね。「ああ、あいつはこうやってきたんだ。やっぱりプロは違うな」と思いました。だから、それがもうすべてで、西本は自分で一所懸命努力して、その結果をマウンドで出していた。彼のマウンドでの雄姿は、練習で培った自信があったからこそです。

とにかくライバルがチーム内にいるということで、チームは強くなる。前にも書きましたが、上が競い合えば、真ん中も下も、刺激されて競争する。競争はどんぐりの背比べでも、チームを活性化するんです。

ただ、私自身はチーム内で誰かをライバルと思ったことはありませんでした。田村勲が同じサイドスローだったぐらいで、それ以外にはいなかった。逆に、誰かから私がライバル視されたこともなかったのではないか。それはわかりません。

同年齢の角は、このときすでに抑えに回っていましたし、彼はサイドスローでもサウスポーでしたから。

私は、「俺は、角の前を投げるので、そこで頑張ろう」という意識でした。

「伝統」はさりげない会話で

ルーキー時代に敗戦処理のマウンドに登っていくとき、「皆が通った段階を今、自分も経てきているんだろう」と考えて投げていた……という話を前にしました。そういう先輩たちも歩いたであろう道を手探りでたどっていくのとは逆に、先輩たちから前もっていろいろと情報をいただく場合もあります。

1983年限りで引退した先輩ピッチャーの堀内恒夫さんからは、本当にさまざまな話を聞きました。よく家に遊びに行かせていただいていて、そんな時にホリさんが酔って話す経験談。それを我々は〝堀内節〟なんて呼んでいましたが、これがとても参考になりました。別に、大所高所から投手の心得だとかを説くわけではないんです。「こういう時は、どうすればいいんですか?」と聞くと、「そんなもん、お前、簡単だよ、抑えればいいんだよ」って簡単に言うんです。V9時代の大エース、甲府の小天狗、悪太郎とまで言われた人です。天才的なピッチャーですからね。我々とは全然、レベルが違うところにいた人ですから、「抑えられませんよ」とこっちは答える。「簡単だよ、真ん中投げてゴロ打たしゃいいんだよ」って言われても、「?・?・?・?・」ですよね。

こんな調子なんですけど、こういう話の中に、何か野球の根っこのようなものがある。すぐには何のことかわからなくても、いざ自分がマウンド上で現実の場面を迎えると、「ああ、ホリさんが言っていたのは、このことだったんだ」なんて思えてくる、ということは実によくありました。予備知識をもらったような気がするんですね。「あのときは、こうだったんだよ」と堀内さんが話してくれた局面と同じようなシーンに自分自身、何度も遭遇しているんです。

それ、いただき、とか、「いいことだな」と思えるものが本当に多くありました。

堀内さん自身も誰かから伝え聞いた話もあったと思います。順繰り順繰りで、伝えられた話。藤田さんたちから、たぶん聞いてきた話だと思います。

いろいろな話を聞きました。これは自分がまた上になったときに、後輩に話さなきゃいけないことだな、ということをここで学んだのだと思います。

それを今、桑田とか工藤とか、あの世代の選手にも私が話しているんです。そういう伝統は引き継いだほうがいいかなと思って、そうしています。

自分の「代わり」はいつでも現れる!

1984年になって王貞治監督が就任してから、私の出番が増えました。王監督時代5年間の登板数を見ても、84年48試合、85年60試合、86年59試合、87年63試合、88年45試合と俄然増えています。このごろから自分の立場がようやく確立してきて、やり甲斐がもくもく出てきた。マウンドで結果を出す、給料が上がる、やっと野球を始めたんだなあという実感がわいてきた。中でももっとも充実したシーズンは、やはり優勝した87年でした。

中継ぎ、抑え、どんどんいい場面で使ってもらってマウンドへ走った。リリーフならではの緊張感。先発投手を助けるよろこび。それが、リリーフの醍醐味なんです。優勝争いの緊張感の中でそれをやれたんだから、本当に幸せでした。チームは76勝43敗11分で優勝。私の成績は、7勝4敗18セーブ。投球回数は94回⅔。登板した試合は63試合ですからシーズンの約半分の試合に投げたわけです。

その頃、西武ライオンズのエースだった東尾修さんに、「お前、なんで言われるままに投げてるんだ？ ピッチャーだったらもっと自分を大切にしろよ」と言われたことがありました。こんなふうに答えたことを覚えています。

「東尾さんのような先発の代わりはいないんです。でも、僕のような中継ぎは代わりなんていくらでもいます。だから黙って投げんといかんのですよ」

この「いくらでも代わりがいる」というのは、自分が登板しないでいたら、いくらでも投手はいるから、この位置を取って代わられてしまう。そういう意味です。

せっかくここまで来た自分のポジションを取られたくない。そのために自己アピールしている。先発ピッチャーは、チームの中で大事な5人とか6人、別物です。リリーフピッチャーは、決まった日に投げるわけではなく、ローテーションがあるわけでもなく、出番がきたら投げなければいけない。そこで自分の結果を出さなければならないし、そこで打たれてしまって結果が出せなかったら、代わりはいくらでもいる。

そこで抑えていけば、「次、新しいポジションが獲れるかな」と考える。出ることによってチャンスもあればリスクもある。私は、リスクを考えずにチャンスだと思って投げた。そこに至るまでに、試合に出たくても出られない時期が続いたので、マウンドに呼ばれることが楽しくてしょうがなかったですね。それまでの鬱憤を爆発させるような思いで投げていたはずです。

「起用する場面」ひとつで部下はフル回転できる

優勝した1987年に、来る日も来る日も……という感じでマウンドに上ったことで、世間から「サラリーマンの鑑《かがみ》」というふうに呼んでいただいていたことは、よく知っていましたし、覚えています。「鹿取大明神」だとか「〝24時間戦える〟リリーフ」だとか、そういう時代を映すような言われ方もしましたし、何でもない帽子の影を「鹿取の目の下の隈」なんて週刊誌に書かれたりもしました。「ワンパターン」なんて、王監督を揶揄するフレーズも耳に入ってきました。

実際、当時はいろいろと体も痛くなっていました。

84年には、ひじを傷めました。痛くて投げられないような状態で出て行って、サヨナラ押し出しもやらかしてしまいました。でもそれは、85年の3月に治りました。

ひじが治ったと思ったら、今度は腰が張ってきて、大変でした。87年5月、ナゴヤ球場の中日戦で田尾安志さんのセーフティバントを捕ってファーストに投げたときに、ゴキッ！ときたんです、あらー、やっちゃったー、って。その場面までよく覚えてます。で、そのままバス移動で大阪まで行く時には、もう腰が痛くて痛くて。つまりは、ギックリ腰ですね。東京に帰って、王監督に薦められた治療院に行って診てもらったら、何となく治った……というか、何か治ったような気がした。痛みが取れたので、そう考えた。当時の新聞コメントには「腰痛は、腰が強くなるプロセスだ」なんて、ほんとに俺、こんなことしゃべったかな?と今では思えるような無茶苦茶なことをしゃべったりしてます。

でも、自分が一所懸命に投げている姿を見て、「鑑」とまで言っていただいたということは、それはやはりうれしいことです。

サラリーマンの中間管理職とか、そういったポジションの年代の人たちにとって励みになっていた、ということはうれしいですよね。

でも、こう言っては何ですが、周りがそう言うだけで……自分は自分のためにやっていた面が非常に強い。

ピッチャーは、仕事場であるマウンドに立って始めて仕事ができるわけですよね。そこで実際に働いて、それでいくらの商売ですから。いくらブルペンで投げていても、給料は上がらないですからね。そういう意味では連投だろうが何だろうが、喜んで行くしかない。自分としては、懸命に当たり前のことをしていただけだったですね。

それ以前のシーズン、調子がいいと思っていても出られない時期が長かったですから、マウンドに立てる喜びのほうが大きく、疲れてるな、と思っても、そんなこと言ってる場合じゃなかったわけです。

この監督のために、王さんのために、「壊れてもいい」と思って投げていた。王さんに尽くそう、と。自分の野球人生もこのあたりで終わるのかな？　とも思っていた。だからもう最後まで思い切って燃焼しよう、という時期でした。

ということは、監督に信頼されていた部分があったのかな、と思います。「信頼してるぞ」なんて、そんな具体的な言葉はかけられなかったけれど……自分の勝手な解釈ですが……それは感じてましたね。

監督の信頼を感じるのは、やっぱり、マウンドにいい場面で立たせてもらえた時に尽きます。「毎日ご苦労さん」って言われたら、それだけでもオッケーですよ。「大変だな」。大丈夫です、って言うしかないですけど、その言葉だけでも十分。疲れがとれる特効薬でした。

だから、家に帰っても、夫婦ともに「使ってもらえているうちが華《はな》だよね」なんて言い合っていました。「もう壊れちゃうかもしれないよ。それでもいいか？」と私が聞けば、さすがに「いいよ」とは言いませんが、妻も「マウンドに立てるのは、華だよね」と言ってくれていたんです。

家庭で特別な体の管理なんて何もしていなくて、食べたいだけ食べて、寝たいだけ寝る。肉はもとからあまり食べないし、生野菜を意識的に摂ることもなかった。子どもの頃から好きな、イモやヒジキの煮物、魚の干物といった、ホント、高知の田舎育ちそのままの——かえって今では見直されているような——食物中心で。妻も「おいしく食べてもらったほうが」と、うるさいことは言わなかった。

「滅私奉公」の「サラリーマンの鑑」、24時間戦っていたジャイアンツの守護神「鹿取大明神」は、こういう意識で投げていたわけです。

仲間の「栄誉」を喜べるか？

1987年オフには、キャッチャーの山倉和博さんと私との、いわゆる「MVP争い」なるものも、少し話題になりました。

MVPは、総得点数で私に3票差をつけて山倉さんが獲得。1位票ならば、山倉さんより私のほうが6票多かったという……ちょっと珍現象だったとか。そういう数字を後から聞けば、「おお、惜しかったんだ」とは当然思いますよ。でもこの年、私はヤナセのMVP賞をいただいて、ベンツをもらっちゃったし、それだけで十分なのにリーグから特別表彰までしてもらっているんです。

それでもよく、「悔しかったろう？」と聞かれました。でも、山倉さんが受賞して当然だろうと思っていました。自分がもらえなくて悔しい、などと思ってなかった。いや、本当にそうです。やっぱり山倉さんがもらうべきじゃないかな、と普通に思いました。

というのは、87年当時、私が投げて結果を出してるのは、山倉さんのリードがあってのことだったのです。ピッチャーをこれだけリードしていって――私だけじゃない、他のたくさんのピッチャーをリードして——その結果、チームが優勝した。リードする人がいて、初めて、投手は投げられる。ピッチャーのリードを通してチーム全体をうまくリードしていって、そういう戦いの中でチームの勝ち星を積み重ねていく。また、山倉さんは自分でも22ホーマーに66打点と巨人捕手陣のなかでも歴代最高の猛打を発揮して、「意外性の男」と言われた。こうやって打って勝ったとなると、ＭＶＰというような賞はレギュラーで試合に出てる人が絶対もらうべきだと思ってました。我々ピッチャーは、１３０試合出ません。よく出たという私でさえ、この年63試合ですから（……とは言いますが、とても多い登板数ですけど）。やっぱり当時の１３０試合を戦った要の人が獲るべきじゃないかと思いました。87年の山倉さんは１２８試合に出場していました。

逆に、あのとき私がＭＶＰなんてもらってたら、その後の自分があるかどうかわからない。調子こいて、いい気になってしまったかもしれないです。だから私は、かえってもらわなくてよかったと思っています。もらったら一番手になってしまうでしょう。二番手がいい、ベストだというのではなく、「もっと頑張らなきゃいけないな」という気持ちを常に持っていないとダメな人間なわけです、私は……。

「個人」の仕事と「組織」の勝利の関係

リリーフピッチャーの私がＭＶＰの候補になったことからもわかるように、１９８０年代の半ばから、抑え投手が脚光を浴びて、「華やかな仕事」というふうに見られはじめました。私は、そういう華やかな仕事というのが、どうも自分とは合わないと思えました。投げる時は、とにかく先発ピッチャー、あるいは自分の前に投げたピッチャーを助けよう、という気持ちで投げていました。勝っているピッチャーには勝ち星を。負けが付きそうなピッチャーには、その負けを消すように。

そういう気持ちで投げないと、ペナントレースは戦えません。たとえば、2点負けているゲームに中継ぎで出ていったとしたら、「この2点差のままいっておけば、ひょっとして逆転の可能性がある」ということを思って投げるわけです。それが、自分が打たれて相手に点をやってしまって、3点差、4点差と傷口を広げてしまったら、もう終わり、負けが付くわけですよね。反対に、2点差で勝ってるゲームで自分が出ていって1点取られたら、逆転される可能性が出てくる。権利持っている勝ち投手の「勝ち」が、それで消えるかもしれない。勝ってるピッチャーの後を投げるときは、だから、追いつかれないように追いつかれないようにと、何とか抑えなきゃいけないわけです。

投手陣というのは、助け合いなんです。チーム全員でチームのために勝つ、ということを考えていかなきゃいけない。1人が欠ければ、もうチームにとってマイナスですから。1人に頼ってしまうと、そのピッチャーが壊れたら、すごい戦力ダウンになるんですよね。その負担を少しでも少なくしようとしていかないと。

「情けは人のためならず」ではないですが、結局チームとして勝っていけば、自分もいい状態で投げられることになるわけです。勝っていても負けていても、自分が0点でいけば、自分の防御率はよくなる。そういう意味では、野球というゲームは、うまい具合に、個人で頑張ることがチーム＝組織のためになっていると実感できるようにできているんです。

そうなるためには、やはり個々人のパフォーマンスが高くないとうまくいかないわけです。また、ある程度は緊張感を持ったゲームのシナリオにしないと、いい結果が出ないということになる。優勝争いという緊張感がそれを可能にするのだし、87年はそういうビリビリするような緊張感の中で、仲間を助ける喜びも、より強くなって、それでいい結果に結びついたというわけです。

プロとしての「仕事意識」

「サラリーマンの鑑《かがみ》」と呼ばれていた頃、シーズンの約半分の試合に投げていた当時、「壊れてもいい」という気持ちで投げていた……という話をしましたが、それは、実は「王監督に尽くそう」という思いからだけではありません。少し極端に言ってしまえば、「壊れてもいい」という気持ちで投げていたというのは毎年のことでした。現役投手として巨人にいた頃は、だいたいそうです。こういうことを言うと、「ああ、〝滅私奉公〟か」と思われるかもしれない。でも、事情は少し違います。

どう違うかというと、私は、毎年オフには「トレード要員」と新聞に書かれてましたから、安泰な、落ち着いていられるシーズンというのがなかったのです。入団して3年目以降は、そこそこ頑張ってても、オフには必ずトレード要員として名前が挙がる。毎年そういうピンチを背負っていた。試合ごとにピンチを背負って、1年の締めくくりでまたピンチ。「ここにいたい」と思っても、どうなるかわからないという毎年のオフでした。

それが嫌だから、自分でやらなくてはいけないことがある。

来年頑張って、来年はもうそんな名前が出ないようにしなきゃいけない、と決意する。体づくりの自主トレ、キャンプから一生懸命練習して、で、シーズンも「壊れてもいい」という気持ちで必死で投げる。好成績を残して、翌年はもう大丈夫だと本当に思わせるような仕事をする。そういうことだったのです。

……それでも、オフになると、トレード要員として名前が挙がった。ある程度の成績を残せば残したで、商品価値が高まった交換要員になってしまった。成績が上がれば需要も高まってしまった。こうだったから、毎年、安泰はなかったです。

だから「壊れてもいい」気持ちで全力で働けたのです。

ただ、「巨人軍というブランドの中だけにいたい」という気持ちはなかったです。私には野球しかなかったので、「ここに入った以上は、ここで頑張る」、そういう気持ち。会社に入っても、自分からは転職しないというのに近いかもしれないです。今いる部署の中で今ここにある仕事を頑張っていくんだ、とそういう感じでした。「今これで飯を食ってるんだから今ここでやるしかない」と。

その積み重ねで——結局、一度のトレードを経験して——19年間も現役で頑張れたのだと思います。

場を失いかけても「気持ち」を切らない

王監督は1988年シーズンオフに辞任し、89年からは再び藤田元司監督が巨人の指揮を執ります。88年限りで、私と同学年の西本は中日ドラゴンズに行き、やはり同年齢の角も、89年のシーズン途中の6月に、日本ハムファイターズに行った。ストッパーの角でもチームを出ていくぐらいですからね、私も当然、このあたりの年はずっと、いつ出されてもおかしくない、まさに安泰ではない時期でした。

その年89年ですが、私は21試合に投げて、2勝1敗3セーブです。投球回数は、34回1/3。この年、チームは優勝しています。自分ではいい球を投げているつもりなのに、周りからは「球が来ていない」と言われ、自分でも首をかしげるような日が続きました。

それまでの「この腕がつぶれても」という登板の結果の疲労だとは思うんですけど。当時の自分はけっしてそうは思ってなかったけれど、やはり結局のところは疲労だと思うんですね。

その前の年が、8勝4敗17セーブ（64回2/3）という結果を出していて、今年は全然ダメだった、と。藤田監督にも以前の私の印象があったでしょうから、「鹿取はこんなものだったかな?」と思ったのでしょう。

使われなかったんです。私の登板試合数の21は、入団4年目に並ぶ最少タイでした。ほとんどチームの役に立てていない。いや、前半には使ってもらったものの、結局打たれて、ダメだった。実際にマウンドで結果が出せないのだから、それで後半は、ほとんど使ってもらえなかった。

藤田監督は我慢と辛抱の野球をされる監督さんでした。監督の野球は「先発完投型」と言っていい。つまり、先発投手をできるだけ引っ張った。

また、中継ぎ陣にも、若いピッチャー、水野雄仁とか広田浩章、香田勲男とか活きのいい何人かのピッチャーが出てきたので、私がそれまで担い、務めてきたポジションは、成長してくる若手たちの〝場〟となったわけです。

かつて私自らが、そこを土台に這い上がったように。これも残酷と言えば残酷なプロの世代交代というもの。

今考えれば、私が監督でも、当時の私は使わないですよ。勢いのあるほうが使われる。それが正しいやり方です。

一般サラリーマン社会ならば、いよいよ出番の30歳代。ところがそこを過ぎたばかりの33歳の私は、出番が見る見る少なくなる。確かにプロ野球選手にとって、この年齢は肉体的にターニングポイントです。そういうシーズンでした。

正直、「辞めよう」と思ったこともありました。引退も考えた。でも自分の体が「もうちょっとやりたい」と要求してきてましたね。やっぱり野球が好きなんだな、と思い、「まだ辞める年齢でもないな」と、最後は自分に言い聞かせました。

気持ちが切れてしまうところでしたが、やっぱりまだ野球をしたかったので、練習だけはやっていました。ともすれば切れそうになる気持ちを切らずに、ウエイトトレーニングをやったりランニングをしたりしていました。結果が出てなくてダメでも一軍ベンチには入っていましたから、ブルペンなんかでは、もう球数も自分でメリハリをつけて放っていました。

でも、「ここは自分の出番だ！」と思っても、違うんですね。ゲームが慌しく動いて、リリーフ陣も準備に余念がない。で、ベンチから声がかかる。「俺だな」と意気込むんですが、ああ、違うのか、あいつか、と。そういうことが続く。続くと、どうなるか？　「俺だな」と意気込んで、違うのか、となったときに妙に納得してしまう。「ああ、当然そうだよな。そっちだよな、俺じゃないよな」と。途中から、「よし、ここは俺！……じゃなくてあいつだな」と、自分でわかってしまう。物わかりのいい自分を見せつけられる。

精神的につらかったですけどね。すごいつらいですよ。しぼんだ気持ちのまま、出ていく若い投手に、「頑張れよー」って。やはり、これはつらかった。つらくても、頑張れって言うしかないですよ、チームのためですからね。

自分がちょっとしか働かなくても優勝してるということは、それだけ他の選手が頑張って勝ったということです。でも、私のこの2勝と3セーブもあって、優勝してると思えば、少しは貢献できたかなあと。反対に私のこの1敗がなければ、もっと楽に勝ってるわけで……1勝だけの貢献だったか、とそういう思いでしたね。

でも、この結果では当然、いらない選手ですよ。〝戦力外〟と首脳陣は思っていたのではないでしょうか。

「新しい環境」での飛躍のためには?

その年の日本シリーズは、近鉄バファローズを相手に、3連敗から4連勝をやってのけたシリーズです。その直前、シリーズのための練習が多摩川で始まる初日だったと記憶していますが、スポーツ紙の一面に、「巨人、鹿取を放出へ」と突然出た。出るだろうとは思っていましたが、やっぱり出た!という感じでした。まだ日本シリーズに入る前にトレード要員か?って。なんだよ、これって。寝耳に水と言っていいでしょうが、正直、感触だけはありました。まったく火のないところには煙も立たないだろう。そう考えて、練習中に藤田監督の所に行って、「どうなるんですか?」と聞いた。

そうしたら「もうひと花咲かせたかったら、出てもいいよ」と。

やっぱり、そうなんだ。この監督の言葉に自分の立場をはっきり悟ったわけです。そのときにもう即答で、「わかりました。出ます」と言ってしまいました。

でも日本シリーズでは、1試合、負けゲームでしたが1回投げさせてもらった。

日本シリーズ終了後の11月7日に、巨人は秋季キャンプのためにアメリカに出発しました。日本一になっても気を緩めてはいけないと、カリフォルニア州の砂漠の中のパームスプリングスで行ったキャンプです。このメンバーに、私も「来季の戦力に」との首脳陣の意向で含まれていました。キャンプ期間中に、監督に「どうする?」「やっぱり気持ちは変わらないか?」と聞かれ、「変わりません、お願いします」と11シーズンを過ごした巨人を出る決意をきちんと伝えたのです。自分で望んで、巨人を出ることにしました。ある程度のベテランになって、中途半端な結果だけが残っている。それはやはり自分の居場所がないということを意味する。それで自分の判断で、出よう、と考えたわけです。

藤田監督が、移籍先を探してくれることになりました。とてもつらかったですが、自分の中で「環境を変えてもう一度チャレンジしたい」という気持ちが次第に強くなってきているのを感じていました。そして、チャレンジのためには、やはりここでも気持ちを切らずに準備しておかないといけないと考えて、パームスプリングスで練習していました。

キャンプから帰国後3日目の11月23日には、恒例のファン感謝デーが東京ドームであって、中畑さんの引退セレモニーもありました。この盛り上がりの中で、私が皆と一緒に着ていたのが、最後の「GIANTS 29番」のユニフォームでした。でも、まだ私の移籍先は決まっていませんでした。

「自分以下」は絶対しない

私の移籍先がパシフィック・リーグの西武ライオンズと決まったのは、１９８９年12月4日でした。12月7日、記者会見で「今日から西武を一生懸命好きになります」と言ってライオンズのユニフォームに袖を通しました。この記者会見の日に、郷里の高知で私の父親が倒れました。ライオンズのキャンプ地は高知の春野。そばにもいられる、目の届く距離でいられる……このトレードをよいほうに解釈すれば「これも何かの縁かな」とも思えました。

西武はこの年、近鉄にペナントを奪われていました。3厘差で3位。1カ月前まで、私はその近鉄相手に日本シリーズで投げていたのです。まだ何か、地に足がついていない。長時間船に乗って、陸に上がったときに感ずる、動かないはずの大地のほうが揺れている感触……そんな奇妙な気持ちを味わいました。エースの東尾修さんが引退し、リリーフもいない。そこで森祇晶監督が私を獲ってくれた。入れ替わりで西武を出て、巨人に行ったのが、今巨人でともにコーチをやっている西岡良洋でした。

早めにハワイへ行って、自主トレを開始しました。石毛宏典たちベテランの自主トレに合流して、溶け込もうとしたわけです。石毛は大学時代からつき合いのある同学年の友達。彼がいたことは気持ちを楽にしてくれました。そのままマウイキャンプへ突入します。でも、まだチームの一員になったという意識はまだありませんでした。

マウイは、ピッチング場とフィールドしかありません。石毛も、清原和博も……ライオンズのチームメートたちが、ティーバッティングの手を休めて、私のピッチングをじーっと見てるんですよね。こっちは「何見てんだ、こいつら」と思っているんだけど、やっぱり見られていた。ジャイアンツへの強烈な対抗意識、闘争本能といってもいい敵愾心《てきがい》。お手並み拝見という意識。そういったものなんです。ライオンズのほうでも、まだ私のことをチームの一員と見る意識はなかったのでしょう。もっと言ってしまえば、やはり私のほうに、巨人から移籍して行ったことで〝都落ち〟の気持ちがあったんですね。当時最強の西武ライオンズに行っても、やっぱりそういう意識だった。それが完全に払拭されるのは、この年の秋のことです。

……それはまた後のことで。でも、この仲間からの刺すような視線も、すごくいい緊張感がありました。

さりとて、私は何も特別なことはしなかった。視線を感じて、無理にビュンビュン放ることもない。ピッチャーと内野手の連係プレーの練習に入っても、ふだんと同じにやった。「オーッ、うまいねー」とか言ってくるわけですよ、これが。

でも、「俺は、これ以上できないし、これ以下もしないよ」という気持ちでいました。牽制もこんなもんだよ、守りもこんなもんだよ、と。これ以上うまくやってみせようと思わないし、今できることしかできないけれど、これ以下は絶対しない、と。

俺はこういうスタイルで肩をつくっていく、俺はこういうスタイルでピッチャーをするんだ、ということを、今までと同じようにしていったんです。見せるつもりはないんだけど、連中、見てるんだからしょうがない。それで、見せるようになってしまう。

そうしたら周りが影響されてか、みんな倣いはじめたりして……少しいい影響を与えたかもしれない。それがいいのか悪いのかわかりませんが、同じ時間にあがっても、「俺はもっと多く投げる」とか、そういうことを普通にしてました。それを見て工藤公康とか渡辺久信が投げはじめたりとかして、少し違った風が吹いたのかもしれないですね。

工藤は89年の調子がよくなかったみたいで、マウイでの宿舎の私の部屋に来て、「どうすればいいですか？」なんて聞いてきました。悩んでましたね。ひじが被ってて腕が振れてなくて、ボールが行ってなかった。「遠投して直せばいいんじゃないか」なんてことを助言しました。

そして日本に帰ってきて、今度は春野キャンプの報道陣のあまりの少なさに驚きました。これでもパ・リーグの他チームに比べたらはるかに多いというのですから、巨人が多すぎたんですね。「巨人は恵まれていたんだ」ということが、よく理解できました。巨人だけにいたのでは、これは絶対にわからないことだった。でも春野でも、ファンも私のことを〝元巨人〟と見るんですね。「あ、前、ほら巨人にいた……」とか、少年ファンに「鹿取はやっぱり巨人のユニフォームのほうが似合うな」なんて言われて、苦笑するしかなかったですね。

こんなふうにして、新しい環境での仕事が幕を開けました。

ガラガラの球場。でも、どこからか、誰からか、「見られてる」からいい緊張感もあるし、もっと頑張れるんじゃないかと思って。自分では、チームが変わる時っていうのはチャンスだと思っていましたので、「変われるチャンスが来た」と考えました。

それが、古巣を見返してやろうとかじゃなくて、自分の野球人生の分岐点じゃないかというふうに思いました。

結果を「共有」する喜び

西武での初登板は、1990年4月14日です。平和台球場での福岡ダイエーホークス戦。開幕から1週間経っています。これは別に私のほうに理由があったわけではなく、開幕以来、チームが先発完投型で勝ってきていて、私には登板の場面がなかった。それだけのことです。だから、チームは、すごくいい状態でのスタートでした。

森監督は開幕前に、「鹿取は体力、技術面での衰えはまったくない。精神面での自信を持たせることが必要だ」と言っていました。

監督はまた、「ウチは抑えだけがいないんだ」と常日頃から言っていて、「お前、頼むよ」といつも私に言ってくれていました。そして、やっと出番がきたわけです。

8対7、1点リードで迎えた9回裏から、私がマウンドに登りました。

2安打されて、1死1、2塁。勝ってるゲームなのに、抑えで出て行って自分でランナー出して、1本打たれたら同点――という場面を作ってしまった。

すると、森監督が、珍しくベンチを出てタッタッタとわざわざマウンドにまで来てくれました。そして、「打たれても同点や」と言ってくれたんです。監督が下がっていくと、今度は内野陣が代わる代わる激励に来てくれて……最後は、佐々木誠をシンカーでショートゴロ。ゲッツーでゲームセットです。

そしたら皆がワーッ！と来るんですよ。

石毛を頭に、内野だけじゃなく外野手まで含めて「ナイスピッチング！」って皆で大盛り上がりなんです。もみくちゃ。頭殴られたり、ケツ叩かれたりの手荒い祝福を受けて、「何だこいつら、優勝じゃねえよ」って思いましたが、同時に「これでやっとライオンズの一員になれた」と実感しました。

キャンプ、オープン戦と当然投げてきましたけど、でもまだ西武の一員として公式戦での結果はまったくなかったわけですね。

抑えたという結果があって、結果を共有して、ここで初めて一緒になれた。輪に入れた

〝元巨人〟というように見られて、言われて、また自分の中にも〝元巨人〟という意識が残っていた。「これで俺はもう、西武の鹿取なんだ」なんて石毛に言ったら、「何言ってんだよ」って言われましたけどね。また、シーズン始まったばかりで降ろしちゃいけないん

だけど、なぜか「これで肩の荷が降りた」とも思ったことを覚えています。

……というのもこの西武での初登板はプロ入り初マウンドより震えていたんです。

前年は終始ベンチウォーマーで、もうぎりぎりのところまで追いつめられていたから、「ここでダメだったら、もうおしまいだ」という思いが強くありました。最初がすべてだ、とも考えていたんです。

それに監督がまた、「ウチは抑えだけがいないんだ」「お前、頼むよ」……でしょう。黒江透修コーチなんか、「西本は（巨人から中日へ）移籍して1年目に20勝したよな。ウチはな、抑えだけなんだよ。お前も頑張れ！」って、もうプレッシャーかけるようなことを言う。山根和夫さんとかが頑張って抑えをやってましたが、肩の状態がよくなかったので連投が利かなかった。

すごいプレッシャーですよね。

「そんなこと、できるかどうかわかんないよ」って感じでした。だって前年の成績が成績ですから、「頑張らなきゃいけない」と思う一方で、それ以上のプレッシャーがありました。ともあれこうして何とか初登板で抑えることができ、移籍後初のセーブが付きました。

自分にとっていい環境になってきました。

「再生」のための目的づくり

西武1年目のこの年は、開幕してすぐの5月30日に、10試合連続セーブという当時の日本記録を達成しています。記録が近づくと森監督は、「鹿取はリードしている試合にしか絶対出さない」と宣言していました。

だから、実際、投げないでもいい試合が何度もあったんです。それでもあえて使われた感じがありました。

前年ストッパーがいなくて優勝を逸した西武での、新人の潮崎哲也とのダブルストッパー——これがライオンズでの私のポジションでした。

だからか、そのまま潮崎が投げ切ればすむ試合でも、「いい、1人投げてこい！」と言ってもらってマウンドに登りました。「えッ！　ここで俺、行くんですか？」というような登板でセーブが付いたというのが多いんです。前年までは、投げ切って、「ああセーブやったんやー。ラッキー！」と、そういう登板でした。当然、9回裏1点差で行って抑えればそれは当然セーブ付きますけど、そういう場面になるまでの流れの中で、前のピッチャーで行ければ、そのまま行くってていうほうが多かったですからね。「投げてきなさい、取ってきなさい」というのは初めてでした。こんなんで俺にセーブ付いていいの？　潮崎、お前そのまま行けばいいじゃない、って。

数字で見ても、それは一目瞭然です。巨人時代いちばん投げた87年でも、63試合で17セーブですよ。この90年はたった37試合で、3勝1敗24セーブです。87年はどちらかというと中継ぎで出て、結果的にセーブが付いていたと言う感じだったのに、90年は非常に効率よくセーブを取っています。

――かくして、このシーズン、27セーブポイントで最優救援投手となりました。「二番手」「ビース」の私が、タイトルホルダーになってしまったわけです。

私は、これは私の記録ではなくて、森監督の記録だと思っています。目的は私を再生させるためでしょう。私が前にいたチームに、「ほらな、鹿取の使い方はこうだよ」とアピールしたかったのかもしれないし、「巨人が放出したピッチャーを、私が再生させた」というアピールなのかもしれない。いずれにせよこの記録で私は、前年からは考えられない〝再生〟をとげたわけです。そして、やはり後ろで守ってるバックがよかったから、できた記録です。その意味で、〝チームの記録〟だとも思っています。

「緊張感」がベテランを再生させる

一度は死んだも同然の我が身が、移籍1年目で最多セーブポイントのタイトルまで獲って——私は、「チームで獲ったタイトル」と解釈していますが——しまいました。巨人を出る時に「もうひと花咲かせたいなら」という話がありましたが、その「ひと花」の具体的なイメージはまったく描けていませんでした。たとえば、あと何年間ぐらい、どういうかたちでやるか？　といったものが想像できなかったのです。

でも、1年1年が勝負で、巨人を出て1年でダメだったら、しょうがない。

そんなふうに考えていました。

ただ、巨人にいた最後の年に、気持ちを切らないで練習をしていなければ、この年のこの結果はなかったと思えます。試合に出られなくても「野球ができる」「まだできる」と思って——周りからは、「できない」と思われていたかもしれないですが——自分はできるというふうに思って練習をやってましたから。

あそこで気持ちを切っていたら……。それを考えると恐ろしいです。

自分が西武で「再生できた」と考えるには、もうひとつ理由があります。言い方は悪いですが、優勝争いのないチーム、緊張感のないチームに行っていれば、その後の自分はなかった。巨人を出て、1、2年で辞めていたかもしれない。西武ライオンズというのは常に優勝を狙えるチームでした。常にその緊張感のなかで野球ができた。そういう環境に入っていけたことによって、自分が鍛えられたのだと思います。入っていっていきなり、「抑えを頼んだぞ」と言われ、〝場所〟もあった。そのことで余計なプレッシャーもありましたけど、その緊張感があったから、使命を果たせたのだと思えます。

とにかく西武は強いチームだったと思います。守りが強かった。

私が在籍した90年から94年にかけてパ・リーグを5連覇しますが、野手たちは皆、「自分のエラーで出したランナーは絶対ホームに帰さない」という強い意志をもって守備についていました。そういうランナーを帰さないですめば、お互い後は「気をつけよう」でシコリを残さない。そしてまた、そのことで信頼感が生まれてくる。

外野の守備がまた特によかった。ライトの平野謙さんと、センターの秋山幸二。この2人は完璧でした。

私が移籍1年目に投げた、西武ライオンズ球場でのゲームです。右中間にいい当たりをされました。「いかん、行かれた！」。右中間を抜かれた感触。3塁にベースカバーに行かなければならないので、「くそっ！」と毒づきながら、サードへ向けて走った。三本間のラインを越えて走って、で、外野を振り返ったら……構えてる。右中間で、秋山が構えてる。平野さん、バックアップしてました。これには驚きましたね。

その前の11年間の私のプロ野球観では、何がどう転んだって、今打たれた当たりは、右中間を抜いていくスリーベースヒットです。それが、ライン越えてパッと見たら、まったく想像だにしない光景があるのです。オオ〜ッ！ 秋山、構えてるよー。どんなんやー、このチームって信じられませんでした。それで思わず石毛に、「すげえなー、オイッ」と言ったところ、ニヤニヤしながら「そうだろ、すげえだろ？ ウチ」ですって。

もう、秋山が捕った瞬間に、手を叩いて「サンキュー、サンキュー」でした。信頼感がそうやって芽生える。実に単純だけど、そういうものです。

このチームで投げると、アウトの数が増えました。アウトの取り方が2つ増えたということです。ライトとセンターに、強い当たりのヒットを打たれても心配ない。センター前やライト前に、ランナーセカンドで打たれても、ホームでアウトかもしれない。それを知っている3塁ベースコーチは止めるんです。肩も守備も判断力も、捕球してからの返球もいいから、よほどじゃないとコーチは手を回さない。そういうふうにコーチに植えつけてる、西武の2人のプレーヤーのパフォーマンスの高さです。

だから、打たれてベースカバーに行っても……お、止まってるよ、という場面が何度もありました。突っ込めば、二塁走者はホームで刺されるか、あるいは自重して三塁に止まる。三塁で止まった場合、もう一回打者を打ち取るチャンスをもらえるわけで、次の打者を落ち着いて抑えることができる。1点もやらないで済む……と、野球のアウトの取り方が2つも増えた。

本当に野球観が変わりましたね。

ところが、生え抜きのピッチャーには、こういった野手の守りのよさをあまり感じていないという欠点――と言ったら変ですが――もありました。もう、それが当たり前だと思ってる。打たれて抜かれたら、ブスーッとしてたりしてね。

そういう投手は、私は呼んでこう言ったものです。「お前さ、違うぞ。このチームの外野は、俺の野球経験で最高の外野だよ。これ抜かれて文句言うな。あそこ抜かれたら、お前が投げたボールが悪いんだよ。完璧にスリーベースだよ、普通は」って。「普通の外野手だったら最初からクッションボール捕りに行ってるよ。それぐらい違うんだから、そういうふうな顔するんじゃない」って。「お前はずっといるからわからない、マヒしてる。俺はよそからきたからわかる」。それは言いました。

それでも、「あれぐらい当たり前ですよ」という投手はいましたからね。「その、当たり前と思ってるとこで間違ってるんだよ。他のチーム行ってみろ。ウチはプロ野球界でナンバーワンだよ。文句言っちゃあいかん」って言うぐらい、よかったですね。

この移籍した90年に、古巣の巨人と日本シリーズを戦いましたが、4連勝でした。まさかそんなことになるとは。このシリーズで西武はピッチャー6人でまかないましたから。先発4人と、潮崎と私。

巨人ベンチからは「野球観が変わった」という声が聞かれ、私は「そうだろ」とある意味、誇らしく感じたものでした。

「背中」で語る無意識のコーチング

「二番手」「ビース」として人の後ろにいて、いつも人の背中を見ていたつもりの私ですが、長くプロの世界で飯を食い、ベテランと呼ばれる年齢にもなると、気づかないうちに人から自分の背中を見られるようにもなります。

2002年のシーズン途中で西武から阪神タイガースに移籍した38歳の橋本武広は、左右の違いこそあれ、どこか私と似たタイプのセットアップマン。彼は93年11月の「世紀の大トレード」でダイエーから移籍してきた（西武は秋山幸二、渡辺智男、内山智之の3人を出し、ダイエーから佐々木誠、村田勝喜、そして橋本の3人を獲得）のですが、後年、ある雑誌でこんなことを言っていました。

「僕が若い時、勝っていても負けていても顔色ひとつ変えず投げ続けた鹿取さんからいろいろなことを学んだ。練習、試合でやっていること、普段の生活態度から食生活まで盗もうとした。だから、僕も若手にいろんなことを伝えていきたい」

何を年寄りみたいに、分別くさいこと抜かしよるんだ。——とは思いません。橋本は、西武の若手青木勇人を「鹿取さんと同じ右のサイドスローだし、〝小鹿取〟くらいに育ててやりたい」という気持ちで自分の自主トレなどに伴って教えたそうです。〝小鹿取〟などとは青木に失礼な感じがしますが。

橋本は私にこう言ったこともあります。「オヤジはいつも走ってたね」

……オヤジはいつでも走っていた。あの頃はわからなかったけど、自分もベテランになった今、オヤジが走ってたわけがわかったような気がする、と。（ここの〝オヤジ〟とは私のことです。明るくて甘え上手な橋本は、8歳上の私のことをそう呼んでいました。）

私は、でも、自分のために走っていました。年齢を重ねてきた自分が不安だから、走っとかないと何か安心できない。だから走った。別に橋本たち当時の若手には何も言わないですよ。正直な気持ち、「俺はこれをやっとかなきゃ不安だからやってるだけだ。お前たち若いもんは、走らなくても体力があってできるからいいよな」というもので、下手に「走れ」なんて言って、若い者に本気で走り込まれた日には、自分が負けますからね。それはズルいかもしれないですけどプロ同士ですから。

それを勝手に見てくれて、若いやつは若いやつなりに何かの足しにしてくれたのであれば、ベテランとして無意識のコーチングができたということで、うれしく思います。

「下降期」にこそ大事にしたいこと

1996年5月に私は211個目のセーブポイントをあげ、江夏豊さんを抜いて日本新記録を作りました。「39歳の金字塔」なんて新聞は書いてくれました。

そして、その翌年、97年が私の現役最後の年です。この年限りで、私は現役を退きました。ライオンズは森監督から東尾修監督に代わって3年目。この年の3月に私は「不惑」の40歳になり、それを期にウェブ上に自分のホームページを立ち上げました。そこに、その年の抱負をこんなふうに書いています。

「今年の西武ライオンズは、ターニングポイントを迎えていると考えています。輝ける未来のために若返りという、大きな転換期だと考えています。そういう意味で、鹿取の個人的な成績のことよりも、今まで培ってきた野球経験を、ライオンズのメンバー全員に伝えていきたい。自分自身が、どのようにすればチームに貢献できるかということを考えながら、97年のシーズンを怪我することなく、過ごしていくつもりです」

しかし、私は左ひざを痛めていました。春のキャンプはルーキー以来の二軍スタートとなってしまいました。ルーキーの年のキャンプでは、大先輩・浅野さんの足首ねんざによってすぐ一軍に上げてもらいましたが、この97年のキャンプはずっと二軍でした。とにかくキャンプインからずっと左ひざの調子が悪く、まったくよくならない。高校の時にも一度ひざを痛めましたが、場所が違うので参考にならない。肩の調子なら、自己管理ノートに書いてありますけど、いかんせんひざというのは初めてなので、どうしたらいいのかわからなかった。

そういう状態なので、走れない。走れなければ、投げてもすぐにボールが行かなくなってくる。曲がりが早いんです。いつもそこで曲がるポイントの、その手前でヒュッと曲がってしまう。走ることができないので下半身に粘りがなくなって、踏ん張りが利かないんですね。それは自分でもよくわかっていて、周りには、「大丈夫だよ」と言いながら、ひそかに「何か違うぞ」と思いながらやってたのが、このキャンプでした。

治れば走れる、ピッチングもできるだろう……という、たかをくくった気持ちがありました。見切り発進してしまったのがよくなかった。これでもう大丈夫だろうと思って投げては、あッ、やっぱり痛い。あと3日、あと1週間我慢してくれればよかったということを繰り返しているうちにオープン戦が始まり、開幕を迎えてしまった。5月11日に一軍登録。

7試合に登板。投球回数は7回と1/3。自責点7の、防御率は8・59。

マウンドに登っても違う気持ちだし、何かドキドキしないし、何か緊張感ないし、ああ何か違うな、と思うようになりました。6月1日に一軍登録抹消。あれだけ走れなかったら、結果は出ません。ひざは、もうひたすら痛い。走ることはできても、止まれない。痛くて、止まれない。止まるときの負担に耐えられないため、結局、走れなくなった。

――ああ、こういう気持ちになった時に辞めるのかなあ。

初めて、そう思えました。皆、これを、この過程を通って辞めていったのかなあ。でも、まだ自分はマウンドに立てるから幸せだ、なんて思いました。普通はもう、ケガしてしまって、まったく出られずに辞めていく人が多い。新人の時に、皆この段階を経って上昇していったんだ、と考えたのと逆ですね。マウンドに登っても、いつもの気持ちと違う。あぁ、こうやって、こんな気持ちで辞めていくんだなあ、ということを確信しながら、このシーズンを過ごしました。

来季、自分が戦力外であることを告げられたのは、8月です。この頃も二軍で若い投手と一緒になって練習していました。

その前年ぐらいから、「自分の記憶に残る1球1球がどこにあるのかな?」、そういう思いでボールを投げました。

記録なんか、もういらない。自分の記憶に残る1球はどれだろう？　もし、ひじ・肩が故障したら終わりです。それまであと1球かもしれないし、まだ1000球あるかもしれない。巨人時代には、自分が野球をやっていることを子どもがわかるようになるまで現役でいたい、と思っていましたが、その息子も中学1年生。もう自分のためだけに投げていました。

8月18日には、自分のホームページに、こんなふうに綴っています。

「高校球児たちが、惜しくも負けた時に、『自分の夏は、終わった』というのを耳にしますが、自分の青春を賭けたサバイバルゲームだからこそ、ひたむきにプレーできるのではないのでしょうか。自分も彼らのひたむきさを見て、暑いながらももう一度気を引き締めて、頑張ってよい結果を出し、後半戦には1軍で活躍できるようにしようと思います」

あと何球投げられるんだろう？　そう思いながら投げる。自分の記憶に、1球1球を刻んでいかないと、どれが最後のボールになるかわからないから。

若返ったチームが3年ぶりのリーグ優勝に向けて突き進むかげで、私はひとり、そういうピッチング練習を続けていました。

「会社」よりも「仕事」が好き それでも「会社」に尽くす

1997年10月5日が、私の最後の一軍マウンドです。6月のあたまに登録を抹消されてから4カ月ぶりでした。2日前に我がライオンズは優勝を決めており、この日は、やはり8月にこの年限りでの引退が決まっていた郭泰源とふたりで、それぞれ1人ずつの打者と対戦させてくれるという〝引退登板〟です。

3塁側のベンチで福岡ダイエーホークスの王貞治監督が見守っていてくれる中、私が投じた真ん中のストレートは、村松有人のバットによって、平野さんも秋山もいない西武球場の右中間にすっ飛んでいきました。ホッとしました。ああ、終わったな、って。

でも、自分が辞めていくことを「引退」という言葉で書いてもらったときに、「認めてもらえたんだな」とは、思いました。それはまた解放感とは違った意味で、うれしかった。

結局、19年の現役生活で、延べ5282人のバッターと対戦。

通算救援登板数は739。救援率97・9％。通算救援登板数はまだ日本記録で、現役でこれを追っているのが、阪神タイガースの橋本武広です。ちなみに、「39歳の金字塔」だっ

世界文化社 出版案内
Part 2

デイヴィッド・ベッカムの妻 衝撃の告白!

翼をひろげて飛ぶために

ヴィクトリア ベッカム

ヴィクトリア・ベッカム 著
西本かおる 訳　4-418-02525-1
●A5判　●定価：本体2,000円 ＋税

デイヴィッド・ベッカムとの初デートから、妊娠、結婚、出産まで…。彼女が真の幸せを得るまでをリアルに描いた自伝!

ユカリューシャ

―――奇跡の復活を果たしたバレリーナ―――

斎藤友佳理　●四六判　●定価：本体1,500円 ＋税
4-418-02510-3

東京バレエ団プリマ・バレリーナの斎藤友佳理が、幼少時代から現在に至るまでの運命的な出会いや苦悩、挫折、復活などの体験を書き記した自叙伝。

仁左衛門 恋し

小松成美　●A5判　●定価：本体2,000円 ＋税
4-418-02512-X

「役に没頭し心も体も芝居の中の人物になりきる役者」と自分を分析する十五代目 仁左衛門。その役者の魅力と、初めて明かす「死生観」。

TEL.03（3262）5115
FAX.03（3262）5786《販売本部》
世界文化社
URL　http://www.sekaibunka.com/
Eメール　sales@sekaibunka.co.jp

あのアザラシの「タマちゃん」が
絵本になって登場！

タマちゃんのおくりもの

まるはま絵　ぷれこ文　●A5変型判　●定価：本体950円＋税　4-418-02529-4

冷たくきれいな北の海からやってきたタマちゃん。可愛らしさ、お茶目さをふりまきながら、出没するタマちゃんの"心"の声が聞こえてくる、ふんわり感動する絵本です。

ナンシー関の本

辛口コラムと消しゴム版画で芸能人、TV番組をメッタ斬り。

何はさておき

●四六判　●定価：本体1,000円＋税　4-418-02527-8

誰もが思っていたけど、うまく言えなかった芸能人やTV番組・TVCMへの想い。ナンシーは消しゴム版画と大胆で絶妙な文章で表現してくれる。

何だかんだと

●四六判　●定価：本体1,000円＋税　4-418-01524-8

今回のターゲットは木村拓哉、渡部篤郎、真中 瞳、えなりかずきなど。辛口コラムでメッタ斬り。

何がどうして

●四六判　●定価：本体1,000円＋税　4-418-99533-1

木村拓哉、藤原紀香、堂本 剛など、人気タレントを容赦なく斬る。TV批評コラム＆消しゴム版画集。

何が何だか

●四六判　●定価：本体1,000円＋税　4-418-97522-5

辛口コラムと消しゴム版画の至芸。稀代のTVウォッチャーが有名人や話題のCMをめった斬り。

何もそこまで

●四六判　●定価：本体971円＋税　4-418-96507-6

SMAP、吉田栄作、藤田朋子なども容赦なし。人気タレントや話題のTV番組を斬りまくる。

た通算セーブポイント数は、98年6月に当時30歳になったばかりの横浜ベイスターズの佐々木主浩が、とっとと抜き去っていきました。私がプロで投げ始めた当時からは想像もできないくらい、中継ぎも抑えも、リリーフピッチャーは評価してもらえる時代になっていました。

引退登板の後、私と郭泰源のふたりは、日本シリーズを前に調整するチームに対して、「最後のご奉公」、フリーバッティングのピッチャーを買って出てました。「カッコよく辞めようぜ」ということを私が泰源に言って、シリーズ前の練習に出たんです。泰源は「もういいよ」と言うんですが、少しでも生きた球を打ってもらえればどうかな、と思って。「お前、義理人情わかると思うけど、やっぱり世話になった球団だから、そんだけはやってこうな」って。泰源も「わかったわかった」と言って、ふたりで投げて、「じゃあ失礼します」。「ご苦労さまでしたー」なんて声で送られて、帰ってきました。

高知商業の2年生の時、最初はキャッチャーだった私が、フリーバッティングで投げることで、やがてはピッチャーの道を歩くことになりました。

フリーバッティングに始まり、フリーバッティングに終わる。

自分でも、自分らしい投手人生だったのではないかと思っています。

ジャイアンツにいた現役時代、毎年オフには必ずトレード要員だったと書きました。ジャイアンツを出て行くときは、最後の最後は自分で「出ます」と言って出ましたが、トレードというのが当時はまだアメリカほど選手にとってよいことと語ってもらえなくて、ジャイアンツから行ったからよけいに「左遷」とか「都落ち」とか言われました。

でも、自分としてはセ・リーグもパ・リーグも両方経験できてとてもよかったと思っています。今またジャイアンツのユニフォームを着ていますが、現役時代、ジャイアンツが11シーズンで、西武が8シーズン。コーチでジャイアンツが4シーズン。合計して、15対8でトータルでは倍近くジャイアンツにお世話になっているけれど、8年間も西武のユニフォームを着ていたのですから……。

そういう自分の野球人生を、ビジネスの世界に置き換えてみると、自分は絶対に配属された今いる部署で頑張っていくタイプだったと思います。そこでとにかく上昇することを目指していた。そこで、頑張る。上へ行かなきゃいけない。自分の仕事というのに関しての熱意や情熱があるから、その場所でできたと思う。その気持ちは大事だと思っています。

——会社が好き、ではなくて仕事が好き。

——チームが好き、ではもちろんあるんだけど、野球がそれ以上に好き。

現実の私は、野球イコール仕事ですから、それは好き。それじゃないと飯を食えなかったし、これで飯を食ってるんだからこれで行く、そういう熱意です。

自分の中で、刺激的な日々とかしびれるような1年とかがあると思うのです。現実の私には、それはリーグ優勝ということになるのですが、そういうことがたとえなかったとしてもかなり攻撃的に行って、いろいろとトライしただろうと思う。常に何か行動を起こしたいとか、こうしたいああしたいということをやってるほうがいい。

だからこそ最後も何か、チームに役立てる何かをやらずにはいられなかったのです。

第3章

異文化経験を通して、
自分を確認する

アメリカで学んだ
コーチングヒント

できないことをできるように
――コーチの「忍耐力」

引退登板から3週間ほど経った1997年10月24日、私はジャイアンツの二軍投手コーチを正式にお引き受けすることにしました。

実は、その決定までに、いろいろと進路について悩んでいたのですが、ジャイアンツから「どうしても」とお願いされ、「古巣に帰ってみよう」と考えて、自分の野球人生の再スタートを切ることにしたわけです。

ジャイアンツの秋季キャンプには参加せず、現役時代にお世話になった方々に挨拶まわりをしたり、テレビに出演したり、あちこち忙しく飛び回ってオフを過ごしました。

初めて野球を本格的に離れたオフ。野球から解放されてのんびりできる喜びと、現役生活を終えたんだという実感から来る寂しさとが一緒になった時間でした。

とはいえ、そんな感傷に浸る時間もほんのわずかで、すぐに球春はやってきます。ジャイアンツでの新生活は、実質、2月1日のキャンプインから始まりました。

――まず、選手たちをじっくり見ることから始めたい。

コーチという仕事をお受けして、最初に考えたことは、これでした。

自分の枠にはめたくない。その選手に合ったものを、コーチとして一緒に探していこう。現役時代には、アドバイスする程度だったり、あとは態度で示すぐらいのことをしていればよかったのですが、さすがにコーチともなれば、今度は言葉がいる。「指導する」という以上はそれだけで責任があるし、むずかしいことです。まして9年ぶりの古巣復帰ですから、まず選手個々がどういう男たちであるか、よく見たいと考えたのです。

正直に言えば、「コーチになったんだから、こうしなきゃ」というような意思……というか、あるべきコーチ像のようなもの、あるいはコーチとしての思想のようなものは、最初は持っていなかったと思います。「何すりゃいいんだよ?」という手探りの状態でした。選手を自分の枠にはめたくないという考えも、自分自身を「こうあるべき」というコーチの枠にはめたくなかったから、出てきた思いかもしれません。

幸いなことに、98年当時のジャイアンツの二軍には、ピッチングコーチとして八木沢荘六さんがいました。千葉ロッテマリーンズの監督も経験されたベテランです。この八木沢コーチに意見を聞きながら、また八木沢コーチの教え方を見ながら「俺の考えていることと一緒だ」とか、「ああ、こうやって教えればいいのか」とか、自分なりにコーチ修業をしていきました。

ただ、具体的なコーチングの方法などを八木沢コーチに聞くということはあまりなかった。そんなことは見て覚えるし、疑問に思ったようなことは「八木沢さん、こうじゃないですか?」と、少々生意気ですが、問いかけてみた。「ああ、それもあるね」と言われればしめたものです。「僕が教えてみていいですか?」「こう思うんですけど、やってみていいですか」と。「やってみろ」と言われて、自分の考えを選手にぶつけてみる。

そのあたり、コーチによって違うことを教えたり、矛盾したことを言ってしまうのはマイナスです。やはりチームは一体感がないとダメですから。

まだ一軍レベルに達していない、若い選手たちが相手です。できないことのほうが当然多い。それをできるようにしていかなければならないのだから、本当に時間をかけて、ゆっくりと教えていく。たとえ今できないことでも、ずっと同じような口調で優しく教えなければならない。できる選手は、すぐできるんです。少しアドバイスしただけでもう、パーンと変わる。でも、できないやつはなかなかできない。そのへんのところを平等に教えていかなくてはならない。彼らが理解できて、その通りに体を動かせるようになるまで、それをやらせる。

教えているコーチは、我慢が大事です。持久力が大切、忍耐が肝要。コーチというのは大変な仕事だな、と八木沢さんの姿勢を見ていて思いました。

当時、一軍のピッチングコーチは池谷公二郎さん。特に二軍に対して、「こうしてほしい」といった指示は出ていなかったので、二軍は、選手をよくするにはこうしたほうがいい、ということで、自分で頭を絞って一から考えてマニュアル――というか、単純に思ったことを書いてまとめたみたもの――を作りながら、教えていきました。

コーチングスタッフの「一体化」

先輩コーチの指導法を見て学びながら、かつ若手選手に教えるというコーチ修業を手さぐりでやっていた私ですが、1年でいきなり陽の当たりすぎる場所へと出ていくことになります。ビジネスの世界でもこういうことは往々にしてあると思うのですが、会社の事情で突如昇格というやつです。

1998年、セ・リーグを制し、そして日本一にもなったのは横浜ベイスターズでした。優勝を逃したジャイアンツは翌99年から、ヘッドコーチに、3年間の評論家生活を終えて原辰徳が現場復帰。コーチの陣容も変わりました。大幅な配置転換ですね。

その際に私が内部昇格ということで、一軍のピッチングコーチになりました。

……と、簡単に書きましたが、いきなりの「君、やれ」でしたので、驚きました。

だから一度は、「いや、それはできません」と断ったのです。

トントン拍子の出世というわけではないのです。首脳陣の刷新ということで、私にお鉢が回ってきた。もちろん、恵まれた環境に一歩踏み込んできたんだな、という思いはありましたが、ファームで指導を始めてたった1年です。不安のほうが大きかった。コーチとしてせっかく二軍の事情もわかってきたところだったし、何よりも、まだ「育成」という部分でしか自分の仕事を見ていなかった。一軍は「育成」ではなく、「結果」つまり勝利のためにコーチをしなければならない。だから自身では、今やっている仕事を中断しなければならないという思いも当然ありました。

その思いの表れが、「できません」というはっきりとした意思表示でした。

ただ、与えられた仕事であれば、それをしっかりとやらなければならない。こう考えてしまうのは、私の体に染み付いた習性のようなもので、自分の意思とは違ってもチームがそれを求めるのなら、これはもうやるしかないな、と覚悟を決めました。とても重要なポジションです。ピッチングコーチの長なのです。やりたいと思う人も大勢いると思うのですが、それに選ばれたということは、これはもう逆に光栄だと思ってやるしかない。

そういうわけで、翌年から巨人の投手コーチは、一軍に私と、当時33歳だった水野雄仁が入り、二軍に池谷さんと中日から復帰した宮田征典さんが入るということになりました。

立場が替わった瞬間というのは、誰でも非常に意欲的になると思います。私の場合にもそれがあったから、いろいろと積極的に考えました。慣れてしまったら、そういう考えはなかなか出てこないかもしれないけれど、新しいポジションに就いたばかりのときは、余計に、もう考えて考えて考え抜く。

そして私が、「なった以上はやらなくてはいけない」ということで出した方針が、一軍も二軍も、ピッチングスタッフを一本化、一体化しなくてはいけない、ということでした。

一軍二軍別々ではなく、私なりに投手陣の現況を「こう思います」と評価し、だから「このピッチャーはこういうふうに育てたいと思っています」、したがって、「こういうふうにしていきましょう」ということを、一軍二軍すべてのピッチングコーチに示し、伝えた。

それはあくまでも、ひとつの方針です。当然、それぞれのピッチングコーチ個々のいろいろなテクニックとか経験があると思いますが、それにこの方針を付け加えてください、と話しました。そうでないと一体感が保てないと考えたからです。

俺はこう教える、俺はこうやって言う……というように一軍二軍の4人のピッチングコーチが別々にやっていたら絶対にダメだと思った。

ひとつのことを成し遂げるために意見は4つあってもいいが、それをまとめて一個にしなくてはいけない。と、そういうことです。

長嶋監督と再び――野球は「生きている」

一軍のピッチングコーチとして迎えた1999年のシーズン――。

80年以来、実に18年ぶりに長嶋茂雄監督と同じ一軍ベンチに入りました。私は入団2年目でした。

あの当時の、ニックネーム〝燃える男〟そのままにいつもカッカしていた長嶋さんと違って、やはりずいぶんと変わった――何というか、「丸くなった」というのではけっしてないのですが――まあ、18年とは実にそれなりの歳月なのだな、と思いました。

私自身も、自分ではどう変わったのかはわかりませんが18年なら18年なりの変化を遂げて、首脳陣のひとりとして監督のそばでコーチとして野球をしていたはずです。

でも実際のところ、このシーズンは、「暗中模索」の連続でした。

一軍ピッチングコーチの相棒は水野で、まだ若い。いつも試合前にゲームの流れをシミュレーションして、「こういう展開になったら、こうしような」と話し合って試合に臨むのですが、その通りなんかに絶対に行きっこない。

長嶋監督の言う、「野球は生きているんですよねぇ」はやはり真理であって、生きているゲームに対して固定的にとらえて対策をあらかじめた立てても、無理だった。こちらの勝手なシミュレーションどおりに運ばずに、私は慌てる。監督も慌てる。ピッチングコーチがこうですから、投げる投手のほうも「俺はここで仕事をする」と決め切れていなくて、要所で打たれてしまった。

シミュレーションしておいてもムダなことは多い。

でも、だからこそ固定的なパターンで〝生き物〟である試合を考えるのではなく、あらゆる場面に対応できるような「準備」をしておいて、動くゲームの流れに合わせて監督に「この局面は、こうしましょう」と申し述べなければならない。

こういうことを一軍投手コーチ1年目は、実地で学んだ気がします。

「DO NOT」の指導より「DO」の指導

投手コーチ2年目の2000年は、試合の流れもわかるようになり、投手陣の適材適所も理解できるようになってきました。そうなると相手のバッターのことも見えるし、どういう守備体形で行けばいいかも見えてくる。投手陣が自分たちの役割を理解してくれ、こっちも投手起用に迷うことがなかった。二軍コーチ時代から見てきた岡島秀樹は抑えとして一本立ちしてくれたし、木村龍治、三沢興一、柏田貴史ら中継ぎ陣を適材適所に起用できた。これで、課題だった継投パターンを作り上げることができたのです。

長嶋監督も私たちが用意したデータを尊重してくれて、意見の食い違いはほとんどなかった。でも、今日はいい当たりをされている……というようにその場の「見た目」が悪いと、どんな監督でも心配だから代えたがります。そのときにコーチが一緒になっておろおろしたりせずに、データをしっかり理解してもらうようにするのが大事。ここらへんがコーチの仕事なんですね。監督の「どうなんだ?」という問いかけに、「こうです」という答えを用意しておかないといけない。俺は今、コーチの勉強をしているんだな、という実感が湧いてきた年でした。

この00年は、リーグ優勝と日本一を勝ち取りました。

そういう戦いの中で、私も指導法のコツ、といったものも学べたと思います。

たとえば岡島は、投げる時に一度、打者そして捕手のミットから視線を切ってしまう独特のフォームです。これはやはり欠点と言える。でも私は「そのままのフォームでいい。低めに投げられればいいんだ」と無理に矯正はしなかった。あれはクセですから、キャッチャーミットを離さずに見ろ、と言われても、なかなか見られるものではないのです。そこで、短所を言い募るよりも長所を引き出そう。そう考えて、彼に自信を持たせたかったわけです。

教える際に、「お前、そんな投げ方しちゃいけないよ」なんて、絶対に言わない。長所を伸ばすという観点からそうしていますが、人間、そんなふうに言っても、変わらないからでもあります。では、どういう指令を与えるか？　「しちゃいけない」という言葉は、まずダメだと思っています。そうは言わない。よけいそこに意識がいってしまうからです。

たとえば、右投手の場合。フォームのクセでどうしても左手を後ろに引きすぎて〝ため〟を作れずに、ボールに体重を乗せられなかったとする。そういった時に、

「引くな！」

って言ったら、引きますよ。不思議なもので、「引くな！」と言われたら、引いてしまうものなのです、これが。言われたほうとしては、「引くな？　じゃ、どうすんだよ？」となってしまって、「引く」というその行為に意識が残る。かえって「引く」のところに意識が集中してしまう。引くな、引くな、引くなよー……そう言い続けていると、言われてそれをやらされるほうはかえって引けちゃうんです。どうも人間、そうなっているようです。

「引かずに、では、どうするか？」という〝導き〟が必要なんです。そこで、「止めろ」と言ってやると……ほら、止まる。妙なものですが、実際そういうものです。「あっ、止めればいいんだな」って、そっちへ意識を持っていってくれる。そういうものです。

地位をなげうって「夢」を追う

2000年の日本シリーズは福岡ダイエーホークスと対戦し、勝つことができました。日本一です。

10月28日。そのシリーズ第6戦。この試合がシリーズ最終戦になったのですが、「今日で決まる」と確信していた私は、試合前、長嶋監督に「今年限りで辞めます」という意思表示をしました。監督は「今は聞きたくない」と言い、その試合はダレル・メイが投げて勝ち、試合後にもう1回、監督に辞意を伝えました。リーグ優勝のときに、すでに球団代表には話してありました。「何言ってんだ」と言われましたが、私は「意思は変わりません」「シリーズまでは全部ちゃんとやります」と話して、シリーズのベンチに入ったわけです。

実は私の契約は、98年、99年の2年で終わりだったのです。99年に一軍に上がり、優勝できなかった。自分としては一軍1年目の手ごたえはありましたが、2年契約が過ぎたので「終わった」と考えて、優勝できなかった責任を取って「辞めます」と球団に申し出ました。ところが、「責任を取るなら、もう1年しろ」と。「考えさせてください」と少し時間をいただいて、考えました。

二軍と一軍2年間やってきて、ファーム時代から見てきた選手が一軍に上がって活躍してくれている。そういった選手たちの顔が浮んできて……うーん、迷いました。「じゃ、もう1年だったら、その選手たちのためにもやるか。やっぱり勝てなかった悔しさもあるし。もう1年やってダメだったら……ダメだったら当然クビだろうし、そこで線を引こう」と考え直して、「わかりました。もう1年でいいですね」ということで、00年もジャイアンツのユニフォームを着させてもらったという経緯がありました。

日本一のピッチングコーチが、なぜその職を捨てるのか？ 優勝して辞めるこたぁねえだろう、とずいぶん不思議がられ、「バカだ」とも言われましたが、それはでも、結果的に日本一になれたのであって、優勝したからといって自動的にその契約が延びるわけではないのです。だから私のなかでは、00年のシーズンに臨んでは、「あと1年全力でやるだけだ」という気持ちだけがありました。

私がなぜジャイアンツを辞めたいのか？ 辞めて何をしたかったのか？ そう、それは「アメリカに行きたい」という私の長年の夢の実現だったのです。

「タイムリミット」を夢に設定する

アメリカに行きたい、という思いが、即、２０００年秋の日本シリーズ後のコーチ辞任には結びつかないのではないか。こうお考えになられるかもしれません。

そこには私自らが設定した〝タイムリミット〟というものがあったのです。あの段階で私は43歳でした。

——だから、決めた。

振り返ってみれば、私は大学2年のときに日米大学野球で初めてアメリカ行き、ほんの少しではあっても本場のベースボールというものに触れることできました。ドジャースタジアムで練習もして、試合も見て、江川卓さんと一緒にドジャースのジャンパーを土産に買って帰った。「大リーグっていいな」——〝メジャーリーグ〟なんて言い方ではなかったです——という淡い思いを持った最初のきっかけがこの時です。ただの憧れ、ですね。

自分たちがプロへ入っても、アメリカ野球なんてまだ憧れでしかなかった。ただ、自分のプロ入り前後に「ドジャースが鹿取をほしがってる」なんていう新聞報道が1回だけあ

1. 本書を最初に何でお知りになりましたか。

1.新聞広告(　　　　　　　新聞) 2.雑誌広告(雑誌名　　　　　　)

3.新聞・雑誌の紹介記事(新聞・雑誌名　　　　　　)

4.書店で実物を見て　5.人にすすめられて　6.インターネットで見て

7.メールマガジンで見て　8.その他(　　　　　　)

2. お買い求めになった動機をお聞かせください。(いくつでも可)

1.著者の作品が好きなので　2.興味のあるテーマだから

3.装丁が良かったので　4.タイトルにひかれて

5.その他(　　　　　　)

3. あなたが好きな作家・評論家をお書きください。

(　　　　　　)

4. 最近、興味を持った事件・人物・会社をお書きください。

(　　　　　　)

5. 本書をお読みになってのご意見・ご感想、ご要望をお聞かせください。

ペンネーム(　　　　　　)

あなたのご意見・ご感想を、本書の新聞・雑誌広告や世界文化社のホームページ等で

1.掲載してもよい　2.掲載しないでほしい　3.匿名なら掲載してもよい

(掲載にご協力いただいた方には、記念品をさしあげます。)

ご協力ありがとうございました。

郵便はがき

料金受取人払

麹町局承認

5238

差出有効期限
平成17年
3月13日まで
(切手不要)

102-8720

439

東京都千代田区九段北
4−2−29
株式会社世界文化社
CULTURE編集部
『育てながら勝つ、戦いながら鍛える
コーチングヒント』係 行

フリガナ		生年月日	1男
氏名		19 年 月 日	・
		1 未婚 2 既婚	2女

住所 〒 ―   都道   府県
TEL ( )
e-mail
ご職業 (当てはまる番号に○をしてください)   1.会社員 2.公務員・教員 3.自営業 4.自由業 5.学生 6.パート・アルバイト   7.家事手伝い 8.専業主婦 9.会社等経営者 10.その他( )
よく読む新聞、雑誌名等をお書き下さい。   新聞名( ) 雑誌名( )

※ 当社よりお客さまに各種ご案内をお送りする場合があります。希望されない場合は、下の□にチェックしてください。

当社からの案内等を希望しない…□

※ 当社は皆様より収集した個人情報を厳重に管理し、ご本人の承諾を得た場合を除き、第三者に提供、開示等は一切いたしません。

りました。夢のような話で、全然現実感はない。その頃は道もなかった。

だから、巨人で投げている時も、向こうに行って野球したい、なんていうのは枕の上に頭を置いて見る夢。そのために今どうこうするとか、そういう実現するための夢では当然なかった。当時そんなことを言っても、「バッカじゃないの、行けるわけねえだろう」という世界ですね。81年に藤田監督1年目で巨人はベロビーチのドジャータウンでキャンプをします。そのときに、オープン戦で相手をしてもらったフィリーズのキャッチャーが、自分も知っている日米大学野球の時のメンバーだった。彼がそこでメジャーのレギュラーに入っている。「何だよ、すげえな」と思いましたね。

野茂英雄がメジャーに飛び込んでいったのが95年。私は西武で投げていましたが、「うらやましい」と率直に思いました。野茂の決断に敬意を表すると同時に、彼の〝若さ〟への嫉妬もあったかもしれないです。その後、実際に何人か行き始めるのですが、自分はもう現役の晩年迎えて、当然行けるわけない。

そんな時に、こう考えた。選手で行くことは不可能だった。ならば現役を辞めたら、できればそのまま行きたいな、と。勉強しにいきたいな、と。現役で行けないのであれば、あとはコーチで行くしかない。行ってコーチをやらせてもらえるかどうかわからないけれど、そうやって何らかのかたちで勉強に行くことはできるだろう、とこういう発想だった。

そうしたときに年齢的なリミットを考えたわけです。あまり夢を先送りにすると体力がもたないんじゃないかなという心配です。メジャーのコーチなんて当然やらせてもらえるはずもない。マイナーの状況を見てみると、試合による移動なども厳しくて、コーチもバッティングピッチャーから何から、守ったり受けたり全部しなきゃいけない。年齢的な部分を考えると45歳までだな、とこう考えた。

西武で4年一緒にプレーした石毛宏典も、97年にメジャーのドジャースおよび1Aサンバナディーノ、2Aサンアントニオ、3Aアルバカーキを巡回するコーチ留学をしていました。私はその97年限りで40歳で引退しましたから、本当はもうそこから、41歳で行きたかった。でもすぐに道はなくて、巨人の二軍コーチの契約を結んだ。その決定をするまでに、いろいろと進路について悩んでいた——と先に書きましたが、そのことだったのです。巨人のコーチは2年契約でしたから、その時は「よし、2年後だ」。と……思ったら2年目に一軍に上がって、さらにもう1年やり続けた。

居心地も悪くないし、まして日本一になれた。でも、自分の意識の中では「俺は何をズルズルと……」という思いを引きずっていました。

それで、「約束のあと1年、全力でやるだけ」という思いも、微力でも何とか日本一に貢献できた気持ちもあったし、もう今しかないかな、と。自分では、もうそこで線を引いているし、今を逃したら絶対行けないだろうな、というように、慰留されても今度はテコでも動かなかったわけです。今留まってしまえば、次に一歩踏み出す勇気が出ないかもしれない——というわけでルートなど特にありませんでしたが、日本シリーズ後に初めて動いて、いろいろな方のお力添えもあって知人を頼ってドジャース傘下の1Aベロビーチに〝アシスタントコーチ〟として参加させてもらえることになったのです。

「給料あげませんよ」と言われました。「給料なんていらないんですよ」。「本当に来るんですか？ 何で？ だって、今GIANTSのユニフォーム着てるんでしょう？」。「そうじゃないんですよ。ここで、今、行かなきゃいけないんです」というやりとりの果てです。

そう、押しかけのアシスタントコーチですから、無給なのです。正直、あれ？ 俺とんでもないことやっちゃったかな？ とも思いましたが、やはり「夢」は見続けることで意味がある。夢を見続けるということは、思いを切らないこと。つまりその夢のために自分が何ができるかを真剣に考えることであって、自分のやれることが見えてくる、ということ。

コーチ留学が決まったとき、私はそれを実感しました。

もうひとりの自分と「確認作業」をする

ジャイアンツでの3年間のコーチ生活を経て、選手の育て方をとことん追求したいという思いがありました。でも一軍は優勝に向けて勝利も追及しなくてはならない場所であり、育成ばかりを言ってはいられない。

また、野球をやっていて、実は自分でも本当の野球の〝底辺〟みたいなことがわかっていないんじゃないかという思いもありました。一軍コーチとして野球をすることは十分に面白いのだけれど、やはりもっと奥深いものを知りたかったのです。たとえば、メジャーリーグに上がっていく選手たちがどういう過程を経るのか、そこでのコーチの教え方はどうなのか、気になってしょうがない。メジャーリーグの下に、3A、2A、1A、さらにルーキーリーグ、リハビリテーションがあるという、とにかくアメリカ野球の分厚い底辺がを見られるということは、すごく自分のためになるんじゃないか、と考えた。

日本での自分のコーチングの確認作業というか、自分のピッチャーを教える技術がこれで合ってるのかな？　ということも含めて確かめに行きたかった部分もありました。

とにかく〝見るべきなんだ〟という思いです。でも、そうすることが自分のためだと思うのですが、それで結局どうなるのかはわかっていない。何を学べるのか、それすらはっきりと見えない。ただ、向こうに行った時にはこうしよう、という姿勢だけは整えていました。

これまで野球にずっと携わり、プロのコーチまでやっていた人間が、頭の中にそれまで貯めこんだ雑多な知識や経験を通して見るのではなし、真っ白な状態で見たい、と。そうすれば、吸収も早いんじゃないか、と。

それでもやはり、自分の経験と比較することは避けられないはず。自分がその際、どういう反応をするかというのも、ある意味楽しみでした。

あるプレーの練習を目の前にした時、「あ、これね。そんなものわかってるよ」と思う自分と、「ああ、こうやってやるんだ」と上澄み液を透視して本質を見据えられる真っ白な自分と。そのうえで、もう一人の野球をよく知ってる自分が、「そうだよね、それはこうやる必要があるよね」と背後からうなずいているような、そんな感じになるんじゃないか。

それは一野球人としての素直な反応かもしれませんが、できるだけ真っ白な自分で臨もうという決意でした。

「底辺」に身を置いてみて得たもの

ヒゲで口を囲んだ顔で、私が成田を出発したのは2001年1月23日でした。

まずアリゾナ入りして、ピオリアでキャンプしていた韓国の三星ライオンズの臨時コーチをやらせてもらいました。三星の人たちは私のことをよく知っていてくれて、監督やコーチから、「こいつを何とかしてくれないか」と指導をお願いされた投手が1人いました。00年は0勝だったという、ペ・ヨンスというピッチャー。見ると、変なフォーム……というかムダな動きが多かった。ただ球だけは速い。だから「見てくれ」と言われたのでしょう。投げるコツを教えたというか、ヨンスのフォームをもっとシンプルにするように指導した。別に特別なことをしたわけではないんです。3年間巨人で教えてきたこと、それから自分の現役中に得た、これがいちばんいいんじゃないかというような方法というのを教えた。すると、コントロールがよくなって明らかに彼は変わった。

教えていくことによって、ひとりのピッチャーが変わっていく。「いい素材の人間が、ちょっと投げ方を変えると、こうやって変わっていくんだ」と実感しましたね。……そんなこと日本で経験しているはずなのに、ヨンスの場合は変わっていくのがみるみるわかった。また三星のコーチも彼が変わったということがわかって、「どうやって直せばいいか教えてくれ」と言ってくれたし、日本球界以外で教えることに、ちょっとした自信がついたかもしれないですね。彼がその年、韓国で13勝した、と後から聞きました。

そしていいよ、フロリダのベロビーチに入りました。

1Aベロビーチ・ドジャース。「Ｄｏｄｇｅｒｓ」と書かれたユニフォームをいただいて、武者修行の始まりです。背番号55の上に「ＫＡＴＯＲＩ」と縫い付けてあるものです。それを着た。ドジャース傘下でのベロビーチ・ドジャースだけがメジャーと同じユニフォームを着ているのです。ただし、マイナーには、お下がりが来て、選手の名前を付けて剥がしてまた付ける、ということをするそうです。

81年の巨人のベロビーチキャンプ以来のドジャータウンです。あれから10年。あの頃はきれいでよかったけど、今度行ったら「こんな汚かったたっけかな」という印象でした。食堂も泊まる部屋も10年前と同じなのですが、なぜかボロくなって小さくなったという感じ。ただスタンド付きのメイン球場以外に6面のグラウンドがあり、ピッチング練習場は3つ。ランニング用のフィールドもある。そこを全員駆け足で移動します。もちろんコーチも。

「選手よりも先に練習場に着かなきゃダメだ」と言われました。

3月4日にキャンプ地に入ったのは、投手が80人。捕手、リハビリ組を合わせて100人以上。その2日後に野手が150人ほどやってきた。250人もの選手がベロビーチに集結したのです。

やはり底辺が広くて厚い。ここからどんどんふるいにかけられていく生存競争です。

でも、メジャーの練習時間は早く、球場も別なのです。私が行った頃には、メジャーはオープン戦に入っていて、なかなか上のクラスのコーチたちには会えなかった。たまたまコーチミーティングがあったときに、私もようやく紹介してもらいました。

01年から、ドジャースでは、メジャーの監督にジム・トレーシーが就任しました。83〜84年に大洋ホエールズにいた3割打者で、私も巨人時代に対戦したことがある。私より1歳上の彼がメジャーの監督になった。同時にメジャーのピッチングコーチには、ジム・コールボーン（カブス3Aコーチからカブスのマイナー巡回コーチを経て、90年から93年までオリックス・ブルーウェーブの二軍投手コーチ）が就いた。このコールボーンが日本語が達者で、なおかつコーチミーティングの席上、最後に「ここにいる鹿取というのは、日本でコーチをやっていた」「日本のコーチは技術的にすぐれてるから、いろいろと聞いたほうがいいよ」ということを言ってくれたわけです。

「じゃ、頼むな」

「じゃよろしく」

コールボーンの最後のひと言で、まずは認知してもらえた。いい環境に入っていけたと思います。

こうして私のアメリカでのコーチ修行は始まりました。それでも、紹介はコーチの間だけの話。174センチメートルの私は、「お前は野球をしたことがあるのか?」とキャンプ中に何度も選手に質問されました。

「行列のできるコーチ」になるまで

キャンプ中、ピッチングだけの日や牽制だけの日、スクイズ処理など、さまざまな練習をしていく過程で選手のふるい分けが進み、チーム編成が行われます。

1Aベロビーチでは、投手15人が確定しました。選手はだいたい25歳までのチームです。しばらくは、私は手持ち無沙汰でした。

投手が私のところへ来ないのです。様子を伺っているのか、若い選手たちは誰も積極的に教えてもらいにこない。

――こりゃ、誰かつかまえて、積極的に自分をアピールするしかないぞ。

ひとり、どうしても教えてやりたくなる選手がいました。

先発のスコット・プロクターという男です。いいカーブを持っているピッチャーなのですが、球数がいくと打たれる傾向がある。その彼は、キャンプ中にリリース（解雇）されそうなメンバーのひとりでした。

私が見るところ、ちょっと直せばいい。それなのに巡回コーチは全然直そうとしない。

それでいて「あいつはリリースする」などと言っているんです。

巡回コーチというのは、3Aから1Aの下のルーキーリーグまでのひとつのチームに1週間かけて見て回るマイナーリーグ独特のコーチングスタッフのことです。投、打、守備、走塁、そして作戦と5つの分野のコーチがいて、順繰りに各級を見ることでピックアップしたい選手をチェックするのです。先にも書きましたが、ジム・コールボーンは日本に来る前、カブスのマイナーでこの役目をしていたのです。

私は、「なぜ彼を直さないんだ?」「あれは絶対いい球投げられるよ、いいピッチャーになるよ。このままでは首を切られちゃうよ」とコールボーンに言ったのですが、「いや、たぶんそれはそのコーチにも考えがあってやってると思うよ」との返事。

私自身、イライラしていましたね。そこを何とか、いや絶対変わるはずだ、彼は腕の力は強いから、投げ方を変えるべきだ、と。「彼のアームの力を生かす方法は、俺はこう思うんだけど、それを俺が教えていいか?」と通訳を介して巡回コーチに言ってもらったわけです。「このカトリというのはこういう経歴だから」とも言ってもらって、やっと、じゃあやっていいよ、ということになった。「変えていいか?」「変えていい」と言う。

で、彼に教えると、球が走り出した。

このプロクターが結構おしゃべりだったので、選手たちに伝えた。彼の、「実はヨシに教えてもらったんだよ」から始まって、まず白人の投手たちからやってくるようになった。

たまに、そのへんに突っ立っていて、何も言わずにうつむいてるのもいる。「何だよ?」と聞くと、「俺もいいか?」と。白人の次にはスパニッシュ系がやってくるようになって、「ヨシ、いいかい?」「いいよ」というわけでだんだん輪が広がっていった。最後はスパニッシュ系のほうが多かった。面白いように集まってきましたよ。私が1人の球を受けていると、2人後ろに並んでいる。おいおい、そんなに投げるのかよって感じ。ひとりが投げてるわけです。「そこはこうだよ。こう曲げなきゃ」と説明しながら球を受けて、ひとりが終わると、次の選手に振り返って「いいよ。投げてみてくれ」と。「じゃ、今日はそこまでな」とか、その繰り返しだったですね。行列というと大ゲサかもしれないけれど、1日に3~4人は教えることができた。

ただ、1人、やはり切られてしまったのもいました。リリースです。「ああ、あいつ切られちゃったかー」というような、日本の場合だと、もったいないなーと見えるような選手も、もう翌日はいなかった。優勝劣敗で弱肉強食の世界であっても、そういうのはつらい。「僕はどうなるんだろう?」なんて私に聞いてきた選手もいました。

ひとり、いつも必ず来る左のピッチャーがいました。この選手は、すぐにカッカきてしまう、きかん坊みたいなやつなんですけど、教えてもらうときだけは本当に真剣にやっていた。

そうやって紅白戦、オープン戦を経て、我われのチームも公式戦に突入していくのですが、そのきかん坊、1試合すごくいいピッチングをしてくれた日があって、たまたま巡回コーチがその時にやってきて、「あいつ変わったな」なんて言ってましたね。先発で、いつもフォアボールが、6、7個、少なくて5個なのに、そのときは2個ぐらいに抑えて6回まで完封しました。「いや、変わったよ！」と巡回コーチも驚いていました。

それから、やつがうるさい、うるさい。「サンキュー、サンキュー」とか言って、えらいなれなれしくされてしまって。

自分が3年間日本でしてきたコーチングが、向こうに行って教えても間違ってないな、ああ、やっぱりよかったんだな、と確認もでき、安心できました。

「日本的」なコーチング「アメリカ的」なコーチング

キャンプ中、練習は3A、2A、1Aそれぞれに練習メニューが細かく決められていて、ものの見事にマニュアル化されていました。コーチというのは、その練習をチェックしていくだけでいい。

日本のキャンプは、一軍でも二軍でも「やらなければならない練習メニュー」が文書化されておらず、コーチが口頭で伝えるだけで実にあいまいなのだ、と改めて思いました。

マイナーリーグだけでも100年からの歴史がありますから、こういったマニュアルは、どのチームにもあるらしい。30球団に全部そういうマニュアルがあっても、それがすべて正しいとは言えないだろうし、言えるかもしれない。勝ったチームのマニュアルが正しい、ということになるわけですが、どこも基本的にはあまり変わらないマニュアルを用いているようです。

選手が伸びるか伸びないかというのは、アメリカでは、教えることよりも実戦で見ていくようです。ゲーム、ゲームでデータをとっていて、いいものはいい、悪いものは悪いというように判断するのが、アメリカのコーチの重要な役割のようです。

要は、実戦の結果次第。ただ、そういう中に入り込んだ私は、どうもかなり日本的なコーチングをしていたのではないかと思います。

よーいドン！　で始まったキャンプの初日など。80人ものピッチャーがいて、それが日々、ふるいにかけられていく。あれ？　次の日にはまた10人切られてるよ、という振り分けです。そうやって切られていくのはダメな選手ということになる。

リリースする、つまり首にすることは、たぶん人数が多いから切りやすいのだろうけれど、日本のように70人と少ない人間でチームが形成されていて、うちピッチャーは30人で、それでその30人を何とかコーチも一緒に頑張って、よくしなきゃいけない……という日本的なコーチングとは、基本的に異なるようです。

私は、そういう危ない選手を教えて、ちょっといじることで、リリース寸前だった選手を生き残らせたりもした。先にも書いた先発のスコット・プロクターは、残ったどころか2Aまで引き上げられた。

というのは、見ていて……可哀想というのでもないのだけれど……日本での3年間のコーチ業が当然自分に残っていて、「ここは、教えてやらなきゃいけない」なんて思ってしまった。こういう行為がアメリカのシステムでどういうことになるのかは、わかりませんが、まあ「サンキュー、ヨシ」と本人たちが喜び、私本人も自分のコーチ修行になっていると考えられるのなら、間違いではないと思うことにしていました。だって、結果が出て、みるみる変わってきたというのは、実際よかったということですよね。やって楽しかった。

さて、1Aの選手たちは、キャンプ中はドジャータウンの宿舎に泊まれます。しかし、チーム編成が決まってシーズンインする段階で、彼らは皆ドジャータウンから出て、部屋をシェアして暮らすことになるわけです。

私もひとりで部屋を借りました。汚いトレーラーハウスですが、家賃は電気代込みの800ドルぐらいでしたから、日本円で10万円弱。20畳はあるリビングに12畳ほどのベッドルーム、バルコニーも広くてこれだけですから、日本の感覚からすれば安い。また移動のために私はレンタカーを借りましたが、コンパクトカーで1日7ドルと、これも安かった。

シーズンが始まると、1日の日程はだいたい決まってきます。

10時、起床。まずピッチャーのウェイトトレーニングを見て、午後2時からフィールディングなど基本プレーの練習。3時前後から全体練習に入って、午後7時に試合開始。東海岸のA級12チームで140試合を戦います。バスでの移動はハードそのもの。ダブルヘッダーあり、トリプルヘッダーあり、最高で23連戦も経験しました。

我々のリーグは、フロリダステート・リーグといいます。ウエストディビジョンとイーストディビジョンがあり、我がドジャースはイーストディビジョンに所属。それぞれの勝者がプレーオフを行なって、リーグ優勝を決める。

ちなみに、我がチームは開幕以来の快進撃で6月には前期優勝を果たしました。前期優勝だけでもプレーオフ出場の権利が得られます。つまり、プレーオフは4チームの争いになります。

ちなみに我がチームの前期の防御率は2点台でした。投手の成績がよかったことは、私も少しは誇れることかもしれません。しかし、好成績の選手は上へ引き上げられるわけですから、後期にはいいピッチャーを上に持っていかれ、チーム成績はボロボロでした。

こういうところもアメリカ的だな、と思った次第です。

「真っ白な自分」を感じた日々

真っ白な状態でベースボールを見てみたい、という姿勢でフロリダに乗り込んだ私ですが、いざ行ってみて、どうだったか?

それが、できた。思っていた以上に真摯にできました。

44歳の誕生日をアメリカで迎えた、分別から何からもういいオヤジが、こうなるのです。やはりベースボールの魅力が男を少年にしてしまうのでしょう。

練習メニューがきちんとマニュアル化されていることを書きましたが、そこに発見があったのです。

そのドジャースのマニュアルを訳してもらって読んだのですが、「そんなの、当たり前でしょうが」ということまで、きちんと書いてある。コーチはそのマニュアルに従って練習を進めていくわけですが、「正しくステップしなさい」とか、当たり前のことしか書いてないと言ってもいいくらいだった。「バントするときは、球をきちんと見てバントすること」など……当たり前じゃん、見なきゃバントなんてできないぜ、そんなもん、と茶々を入れたくなるぐらい。でも、そういうことまでちゃんと書いてある。

「こんなことまで書くのかよ」

と思うのですが、考え方を変えてみると、それは、

「こんなことまで書かなきゃいけないんだ」

ということでもある。

というのは、そのレベルからやらないといけないということ。

ひるがえせば、それができていない選手が多いのです。そういえば、キャンプ中に「カーブを教えてくれ」と言われて、「こいつ、プロか?」とびっくりもしたのですが、そういうレベルの選手たちなんです。皆、足、そして肩、これだけは抜群といっていい素材。打球に追いつくスピードや、糸を引くような送球。そういう惚れ惚れするようなスピードを持っている。でも、やはりドミニカンの選手などは力まかせに投げている。

彼らは、だからいまだ磨かれざる原石といったところで、今この場でどんどん磨かれてセンスアップしていっている最中なのです。

だから、それだけマニュアルで「当たり前だろう」ということを言ってやらなければならない。

コーチも、やはりそこまで言ってあげるべきなのです。

なるほどな、と思いました。ここまでやらなきゃいけないのか。そうだよな、自分だけわかっていても、若い連中がそれを知らなかったりするわけだものな。

こっちが勝手に知っているだろうと思って、それを言わないというのはここでは間違いなのです。私は「知っているだろうことでも、言うべきこともあるな」と痛感しました。

もっと考えれば、私が「何でも質問してこいよ」と言っていても、実は、こいつら、質問したいんだけど、「こんなこと聞いたら恥ずかしい」と思って聞かないこともあるかもしれない。そういうのは日本人にありがちなシャイさかと思っていたけど、アメリカ人でもそういうのはいるし、ドミニカンでもいる。彼らも、自分で半信半疑なことを、こっちから「これはこうだぞ」と言ってあげれば、そのモヤモヤしたものはなくなる。

そういうことは考えてもみなかった。

でも、そう思えるようになった。

何か、耳に入って取れなかった水が取れて、耳の中が温かくなるような発見でした。

本当に、こっちには日本での経験も豊富な何でも知ってるつもりの自分がいて、そういう知ってるつもりの自分を、反対側で知らない自分が発見して、驚いて見ている。

練習を見ながら、「うん、それは知ってる」「それも知ってる」「ああ、それ日本でもやってるやってる」って確認している自分。そして、その一方で「ああ、こういうやり方もあるんだ」と思う自分。

だから、つまらないような基本練習でも、ふんぞり返って横柄に見るのではなくて、こうやって身を前に乗り出して真剣に見なくてはいけないな、と。それは思いました。今自分はそういう目で、ここを見ていなければならないのだ、と思いながら見ている。

見るものすべてに対して、まだ奥に深い何かがあるぞ、という姿勢で見られるようになって、それが習慣になる。

そうやって練習でも試合でも見ていて、家に帰って自分の時間になると、「やっぱり、そんなの当たり前だよな」と思う。そのくり返しでした。でも、それはそれでまた再確認の意味があるわけで、いいのです。

「下」から「上」を見上げてみたら

視点あるいは視座ということで、フロリダでは、もうひとつ発見がありました。真っ白な自分になるというのは、身を前に乗り出して視点を近づけて、改めて考えるということですが、もうひとつのは下から上へ見る視座です。

私はいきなり、もう決まっているコーチングスタッフの中に飛び入りして、「コーチやらせてくれよ」と言ったわけです。そうやってアメリカにコーチ留学する際に、なぜ1Aを選んだのかということに関わってくるのですが、何度も書いたように、それは底辺を見たかったから。

でも、このことは底辺だけを見るということとは、少し違うのです。

ジャイアンツのピッチングコーチを辞めて、たとえばテレビの解説者になってメジャーリーグを見に行くという選択肢もあったわけです。でも、それでは、アメリカ野球のいちばんいいところしか見られないわけですよね。それもいいと思いますが、でもそこまでに上がってくる過程の選手たちがどうしても見たかった。

メジャーという華やかな世界から見ると、下のマイナーはなかなか見えてこない。逆に、底辺の1Aならば、上へ上へと目指している選手たちと一緒に、下から見上げるようにして、下から上まですべて通して見られるのではないかと考えたわけです。コーチ、特に一軍コーチという仕事をしていると、どうしてもいつも俯瞰するように上からチームを見ていた。だから、反対の視座に自分を持っていきたかった。

それで、1Aに行きたかった。

自分が行くとしたら、そこしかなかった。3Aに行くという選択もできたのですが、そうはしなかったわけです。メジャーは無理かもわからないですけれど、「3Aの手伝いで行くから見せてくれる」っていうのはできた。どうしますか？　と聞かれたときに、やはり、「いや、1Aでいいです」と。「ここでやりたいんだけど」と話しました。あるいは巡回コーチで3Aからポンと入って、下のいろんなチームに行ってみる手も考えられた。それはそれでいろいろな部分が一度に見られると思うのですが、そうはしなかった。

「いきなり3Aや2Aに行っても、何だこいつ？　と思われるだろう」という謙虚な気持ちもありましたが、自分としてはある計画も持っていたんです。

01年にアメリカに行ったときには、1年で帰ってくるとは自分で思っていなかったのです。

自分としては、1Aできちんとコーチとしての実績を残して、そして2Aへ。2年目からは、実績を残せば契約をもらえる。そうすれば今度は2Aでは、ビザも出るだろうし、そこで給料を稼げるわけですよ。薄給でしょうが、もらえることはもらえる。そして欲を言えばさらに次の年には3Aというようにステップを踏んで行きたかった。そうやってひとつひとつ段階を踏んで下から順番に上がっていけば、トップがちゃんと見られるんじゃないかなと思っていたわけです。

現役時代にそうだったように、コーチとしてもひとつひとつの段階をないがしろにしたくなかったのです。若手を育てることで、私も育っていきたかったのです。

そういう勝手な目論見でした。そんな思いがあったため、1年じゃなく、2年、いや3年、4年ぐらい滞米しようかな、というスタンスでいました。

「英語」でコーチングしてわかったこと

ここまで、私が「そこはこうだよ。こう曲げなきゃ」と説明したとか、「何でも質問してこいよ」と言ったとか平気な顔をして書いてきましたが、そう日本語のように軽く言えたわけでは到底ございません。

最初は、ちゃんと日本人の通訳の青年がいて、助けてくれました。

「アメリカに行こう」と思った頃から英語というものを事前に勉強……する気持ちだけは、強〜く持ってましたが、全然できなかった。いよいよ「あと1年」という00年には、車の中で英語のCDやFENを聞いたりはしていましたし、会話集などを読んで覚えたりはしていました。でも、それだけでした。

それでも、行っちゃった。

ツボにはまれば何とかなるだろうということで。ただベンチにいるときは、和英辞典と英和辞典の両方を持っていました。で、選手やコーチと話す時に取り出して、その語句を指さしてもらって、あ、これかって発音を聞いてやりくりしていました。言いたい時には、和英で示せばいい。そんな感じで、想定される語句をまず最初にどーんとたくさん聞いておいて、まずはそれだけ覚えていった。日本にいる頃から、ある程度は調べていったのですが、基本は向こうで、「こういうときはどうやって言えばいいの?」と聞いて、コミュニケーションを進めていきました。

だいたい使う用語がわかり始めたので、そのうちに耳だけはがその単語に慣れてきました。耳で慣らしていくと、ある程度は聞き取ることはできる。言ってることはわかります。

5月の初旬には、通訳の青年はいなくなっていました。アメリカの大学に5年ほどいた日本人学生にアルバイトを頼んでいたのですが、その彼というのがドジャースのトライアウトを受けにきていた青年で、向こうの大学では3割ぐらい打っていたそうです。野球をまだあきらめきれずにいて、通訳をしながら、我々の練習が終わった後に練習をしていました。結局トライアウトは落ちてしまった。そして彼は、ニューヨークに行きます、ということで去っていってしまったわけです。「帰ってこいよ」って言ったんだけど、「いや、すみませんけど、僕、ニューヨークにいます」と言うので、そうか、わかった、と。「大丈夫っすか?」と言うから、「大丈夫かどうかわからないけど、何とか暮らせるよ」と返事をしました。

選手や他のコーチの言うことを真剣に聞き出したのは、彼がいなくなってからでした。それまでは聞き流していた部分もあったのですが、これからはもう「ちゃんと聞かなきゃいかんな」と気を入れ直した。監督を含め、ピッチングコーチもバッティングコーチもゆっくり話してくれたので助かりました。特にバッティングコーチは、日本に興味を持っていてくれて、彼のほうでも日本語の辞書を買って一生懸命やってくれたので、それは楽だったです。

ただ、使う用語もかなり限られていたし、それで練習中やミーティングなどは問題なくできたつもりだし、教えることもできました。

やはり相手が、聞く耳を持っていてくれたからよかった。「ヨシ、これでいいのか?」と聞いてくるから、「それでいいよ」。「どこが悪い?」と聞かれれば、「そこ。もっとゆっくりだ」。もう、とにかく慌てるやつがいる。慌てるな慌てるな慌てるな……と言いたいから、「これ、これ」と和英辞書のページを指す。「ラッシュ?」。ああ、そうそうラッシュラッシュラッシュ。お前、ラッシュしてるから、もっと……モア、スローリーにだ。「OK!わかったよ、ヨシ」と、こんな調子でした。

でも、日本で日本人選手を相手に教える時には、何となくなあなあで伝えられてしまってることを、一度自分の頭で整理して英語に直しながらしゃべらないといけない。改めて自分の考えてることを、自分の指導法を考え直すところもありました。伝えたい、わかりやすく、聞いてすぐ行動に移せるように伝えたい……。

英語の勉強ということではなしに、コーチングの面で私にとってはいい勉強になりました。

「Ｎｅｘｔ」の発想とは？

フロリダで頻繁に使われ、耳にこびりついた言葉に「メンタル」と「メカニック」のふたつがあったことは、だいぶ前のページにすでに書きました。ピッチャーをコーチする際に、打者に立ち向かう気持ちを持たせるための「メンタル」強化と、最も効果的に投げる方法を体で覚えさせる「メカニック」の追求。この両輪がうまく回転することで、選手は成長していきます。1Aレベルの選手の課題は、何よりもまずメカニックをしっかりつくることなのですが、メンタルが弱くてメカニックが発揮できない選手もいました。

アメリカでは、メンタルトレーナーという人が巡回しています。試合前に先発ピッチャーがさまざまな項目について自分の思いを書かされる。そして試合後には反省も書く。それでピッチャーの精神状態を見てメンタルの強化につとめるということなのですが、いわば精神安定剤的なもので、それ以上の効果はなかった気がしました。

他によく耳にした単語が、「Ｎｅｘｔ」です。次にはどうするか？「Ｎｅｘｔ」「Ｎｅｘｔ」とコーチたちも言う。次を考えろ。

1Aの選手たちは、とにかくやることがいっぱいある。体もつくらなければいけないし、投げ方が悪ければメカニックな部分を変えなきゃいけない。メンタル面を変える必要がある選手もいる。そうするためには、どうすればいいんだ?……というわけです。メンタルもメカニックも上に上げるために、どうする? 体力がもっと必要なら、どうするんだ? やることがあるだろう。ランニングだろ? それからウエイトトレーニングだ。栄養だって摂らなきゃならんだろう、と、こうです。そういういろいろな要素が重なって、いい球が投げられるようになる。次へ、次へと考えろ。考え方を変えて、行動に移して、そして結果を残そうじゃないか。考え方を変えるためには、人の話を聞くべきだよな、行動に移すには体力だよな、その体力のためには栄養だよな、という話になっていく。メンタル、メカニックの両輪に加えて、「Ｎｅｘｔ」なのです。

これ、見ていて、私は思いました。要は、「準備」なんですね。私の現役時代を通して得た考え方と寸分たがわない。次のステップに進みたいのなら、やはり「準備」がいる。それがなくては何もできない。これは日本もアメリカも一緒でした。

伸びない若手の「満足」のポイント

キャンプで教えたスコット・プロクターは、引きあげられた2Aでも活躍しました。我々ベロビーチ・ドジャースは1Aでも、「ハイ」というレベルで、その下に1Aの「ロー」もある。選手が2Aなどに引き上げられた場合は、この1Aローから補充する。そのなかで、また1人、2人と上がっていく。上がっていって抜けたら、また補充。と、この繰り返しで、メンバーはどんどん変わるわけです。

また、リハビリのために上からマイナーに落ちてくる時もあり、リハビリを終えるとまた上へ上がっていく。98年に阪神タイガースにいたデーブ・ハンセンはメジャーのドジャースからベロビーチに落ちてきて、私も会いました。「また日本に行ってプレーしたい」と言っていた。2試合だけベロビーチで出て、メジャーに戻っていきました。

私がいた1シーズンで、2Aに上がれなかった投手は、15人のうちの2、3人だけでした。そのうちの1人は、もう、何言ってもダメというやつで。聞かないし、できない。ただ強いボールを投げればいいんだ、という感覚の投手だったので、私も「この選手はたぶん無理だな」と思っていたら、やっぱり上がれなかった。いいものを持ってはいるのですが、ただ力みまくって投げている、球は速いけれどストライクが入らない、入った日は抑えるけれども、入らない日はもう打たれまくる、というパターンのピッチャーだった。「もっと考えなきゃダメだ」と言ってやります。打たれた次の日はシュンとなって人の話もよく聞いているように見えますが、一度抑えちゃうと、後はもう全然、前に教えたことがすべて消えてしまうような選手でした。

力まかせなのです。「俺は今日は150何キロ投げたよ」ということを喜ぶ。「でも、それボールだろう。ストライク入ってないだろう」と言っても、「いや、もう、今日はこれで満足だ」って、こういう喜び方をしてしまう。

その、満足度の違うところなんです。上に上がれなかった理由というのは。

彼は満足するポイントを、その「強い球」「150何キロ」に置いてしまっている。でも、チームとして、もしくはコーチとしては、「満足ポイントはそこじゃないよ」と言っているのだけれど、それがどうにも理解できないというか理解しない。これが1Aの選手でも本当にひたむきに上に行きたい、と思って練習している選手は、教えていくと、「わかった。これで一歩メジャーに近づいた」とか言ってくれるんですよ。いや、まだまだ近づいてないと思うんだけど、そういう言葉をポンと言って、「よし、これで一歩近づいた」と自分に言い聞かせる。当然、教えたコーチに、「ありがとう」という意味でも言ってると思うのですが、自分でも「一歩近づいた」というように考えていける心を持っている選手もいる。こういう場合は、ちゃんと彼の自信にもなっているのかな、と思います。

でも、打たれてショボンとして練習やって、「わかった」。ゲームになって、「わからない」。「でも、今日は157キロ出たから、うれしい」と。そんなの違うだろう！　という選手も、なかにはいるのです。

一応、球の速い投手には、「もっとストライクの入る確率を高くしたほうがいいんじゃないか」という話をしていったのですが、やはり上がれなかった。もう、それは「どうしようもない。やっぱり能力的に低いプロだ」という評価になってしまう。

前にも書いた日本的なコーチングだと、怒ったりしながら、「お前な、そういう満足じゃなくてさ、メジャーに上がってくって気持ちで行こうよ。で、ちょっと、それやるときは俺の言うことを聞いて、覚えてやってみろよ」という方向に持っていくのでしょうが、そういうようなことを言っても、もうチームのピッチングコーチが、「あいつに言ってもダメだよ」って平気で言っていた。それを聞いて私は、「そんなことを言うのも、よくないんじゃないか」と言ったのですが、「あいつはダメだ、性格的によくない」ともう勝手に決めて。オイオイ、とか思ってしまったんだけど。

ずっと一緒に行動していると、アメリカの選手でも性格がはっきりわかってきて、おもしろいかった。英語がうまく通じなくても、性格だけはわかってきます。それは普段の仕草でわかります。教えた時、抑えた時などに戻ってくる「Ｔｈａｎｋ ｙｏｕ！」の言葉にも、いろいろと表情があります。

日本の選手たちと一緒だな、と思って。やっぱり21、22歳の選手ですから。人種や民族は違っても、年相応の表情とか行動っていうのは同じですね。

で、見ていて「こいつは、よくなるんじゃないかな」と思った奴はやっぱりよくなって伸びていくし。

ま、私はどの選手も平等には見ていたつもりなのですが、そう見られないコーチもいるということがよくわかりました。上がっていって、引き抜かれたら下からまた来て、上から落ちてきて……という何層もあってそれがいつも流動しているアメリカのシステムだと、教えるほうもそうドライになれるのかな？ と思います。

日米の「違い」を感じたこと

日米の野球の違いがいちばん感じられたのは、〝音〟でした。

カーン、パシッ、タタタタッって……いいですねぇ、本当に球音が楽しめる。

あの人工芝ではない芝と土のグラウンドという環境だったので、ワンバウンドすると、ッターンという音が聞こえるし。ボールのシューッという音も聞こえる。ボールって、本当に「唸る」んです、それが今日本では知られていない。うまい内野手はボールをキャッチした時、グラブがパーンと鳴るし、下手な内野手ならボソッというし、キャッチャーミットもパァーンと弾けるような音を立てる。ピッチャーが「フッ」とか投げるときの声まで聞こえる。

私自身長いこと野球をしてきて、本当に今までにない初めての環境に入って野球をしていました。

なおかつ、歓声が英語ですからね。これはね、楽しかった、気持ちよかったですよ。どこ行ってもそうでした。三振！　ブーイング。カーン！　あ、行った、ホームラン！とか、ああ行かない……とか、1Aのゲームで観衆も少ないから音で打球の飛距離もわかる。
その感覚は、私は高校野球でも経験していましたが、私の当時からすでに高校野球は金属バットになってたから、キィーンという金属音です。44歳にして初めてアメリカの野球環境に入ったわけなのです。
日本に帰ってきて野球中継を観ようとテレビをつけたら……なんかニギやかだなぁと思いました。今までそれが当たり前だった。だから向こうに行って、最初は寂しかった。「静かだなあ」という感じです。チャンスの時のラッパ音と、7回の「テイク・ミー・アウト・トゥ・ザ・ボールゲーム」、あとはせいぜい選手のテーマソングしかかからない。あとはずっと静かに試合が進んでいく、
日本の野球でそれやることとは、今すぐにはまだ無理かもしれないけれど、アメリカのベースボールというのは、観客も、観るだけでなく音を楽しむこともできるスポーツだったのです。日本でも、せめて3試合に1試合ぐらい、〝球音を楽しむ日〟をやるべきだと思います。

「長所」を伸ばす

そんなに矯正ということはしない。いちばん投げたいところから投げさせていて、短所を消すために長所を伸ばすとかいう方法を採る。

これは日本でもアメリカでも基本的に変わらないことです。もちろん短所を直せればいいのですけれど、それが簡単でないのなら長所のほうを伸ばしましょうよ、ということ。日本でも同じです。

長所がよくなれば、それで短所はカバーできる。悪いほうから直そうとするといい部分が消えてしまうかもしれない。いい部分を伸ばせば悪い部分が消えてくるかもしれない。その選手によってやり方が変わってくると思うんですが、後者のほうが早いと思います。とにかく、ここは〝待ったなし〟ですからね。手っ取り早いほうがよい。これ直そう、といっても直らないものは直らない。じゃあそっちを生かしちゃえ、と発想するしかない。

バッティングにもそれは言えて、ミートするときにどういう形で打つか。アメリカのバッターは、もうひどい構えのがたくさんいますよ。ただ、打つ瞬間にはピシッとなっている。ピッチャーだっていろんな格好があるけど、投げる瞬間にピシッとなるということですからね。要はそこを確立できればいいのです。ただ、そこまでにムダな動きをいかに少なくするか。でも、馬を水辺に連れて行くことはできても、水を飲ませることはできない。「俺はこうやって構えたいんだ」ってのに、「こうやれ！」とは強制できません。

長所を伸ばせば、短所が消えてくるかもしれない。で、やり方は選手それぞれで異なる。そういう場合、やり方は結局は個々の選手が確立していくべきものなのですが、コーチはどの部分を手伝えばよいか？

それは、まず考え方を変えさせておいて、それを行動に移す時の、その方法だと思います。方法というのは、投手だと、投げ方なりフォームなど「メカニック」の調整の具体的なしかたです。

「ストライクが入ることを最優先にしよう」と考え方を変えさせておく。彼はそれを行動に移そうとする。その時に本人が何もわからないでやってしまうと、エラいことになる。そこに我々が行って手助けをしてやる。

行動に移す時に、腕の出し方はどうか、リリースポイントはどこか、こう腕を引いて、どこで放せばいいか……そこを教えてあげる。

何日もそれを繰り返す。1カ月ぐらいでストライクゾーンにボールが集まってくる。あるいは変化球が曲がり出す……という結果に変わる。

それでなおかつ、それで投げて結果が出て、「ああ、いいな」と思ったら、それが今度は彼のルーティンになる。それはまた考え方のほうに反映されて、全部ずうっとグルグル回って、螺旋状に上昇していく。

……となればもう、コーチはニコニコして見ていればいい、というところまで来ます。そこに来るまでの手伝いが、コーチの仕事です。

「ハングリー精神」はいらない？

日本の二軍の若手選手と比べて1Aの選手たちは、置かれた環境が雲泥の差でした。

1Aの選手たちがもらう給料は、4月、5月、6月、7月、8月、9月……とシーズン6カ月分しかない。シーズンオフの10月、11月、12月、1月なんてバイトしてますからね。そこで自分の生活費を稼いでいます。一軒の家に4、5人で住んでいるという状態です。そして2月になるとまた選手として集まってくる。2月、特にキャンプ中は経費は全部球団が見てくれますし、ドジャータウンに住まわせてくれる。3月の段階で振り分けして、そこからは自分たちアパートメントを借りて、そこに住むようになる。

やっぱり向こうは、「ここから上がっていかなきゃ、食っていけねえよ」という状態で皆やっている。アメリカ人だけじゃない。いろいろな国から来てる。当然ハングリーにならなくては、上へ上がれない。お金がもらえない。

1Aなんか球団から出る昼食は、パンとピーナッツバターに果物が付いているだけです。ハムは全部で20枚ぐらいしかない。それを奪い合い。おい、両手で食うなよって感じです。

2Aに行くとサンドイッチで、そこにハムが〝必ず〟入ってる。3Aに行ったら何でも出てきます。そういう、まず現実に目の前の食う環境から変わってくるわけです。当然ロッカーの環境も違ってくるし、はっきりしてます。

2Aに上がってまた戻ってきた選手がいて、「2Aはどうだった?」「すげえぞ。2Aにはサンドイッチがあったぞ」ってこういう会話ですからね。ミールマネー(食事手当て)が出るのですが、彼ら、1日10ドルです。1200円ですね。それだけです。ナイトゲームが終わって遠征先でたまにおごってあげると、喜びますもんね。「いいよ、俺が払うから」と言ったら、全員で「サンキュー! ヨシ」とうれしそうな顔してる。「全部払うから、皆でチップ払っといて」と言えば、1ドルずつ皆でテーブルの上に出している。本当に、ハングリーという単語の意味通り、空腹なのです。

そういう環境は、日本では考えられないです。二軍でも寮にはご飯がある、遠征に行っても、そこには、しこたまいい飯がある。1Aの連中に日本の二軍の話をしたことがありました。年間600万円ぐらいはもらえるんじゃないかって言ったら、「俺、行くよ」「俺も行く」ですからね。で私が、「ちょっと安くないか? お前いくらもらってるの?」と聞くと、「200万ぐらいだよ」ですって。600万なら、行く、と。単純に月50万計算だと話したんですけど、「最高だね、行きたい」「一軍と二軍しか、2つしかねえんだろ」って。「チャンスあるじゃん」っていうような考え持ってましたね。

日本にチャンスないかな? って。「テスト受けてみたいんだけど」と言ってました。日本の選手がまったくハングリーではないというわけではありません。中には、1Aのようにやっている選手もいると思う。

ただやっぱり、実際にそういう環境だけ見ると恵まれてるということですね。アメリカのマイナーのチームよりは恵まれてる。選手の気持ちは同じかもしれないんだけど、環境だけは、はるかに日本のほうがいい。

日本の若手選手にハングリー精神そのものを教えることは無理です。環境的には恵まれてしまっているわけですから。そこから厳しい環境に落としたって、あまり意味はないでしょう。

コーチとしては、選手により高い次元のハングリーさを持たせるのが大切なのではないでしょうか。つまり、〝サンドイッチ〟ではなく、〝よいコントロール〟だとか〝速い球〟だとか〝巧いかけひき〟だとか……。そのあたりに飢えを感じさせてあげたいと私は思ったりします。

「単身赴任」——有意義な孤独

私は、1カ月800ドルのトレーラーハウスを借りて住んでいました。それに1日7ドルのレンタカー。無収入で、「日本時代の貯金を食いつぶすなんて馬鹿だ」と言われましたが、節約すれば何とかできるものです。

女房はその前の年から、「行ってもいいよ」と言ってくれていたし、息子も高校2年生でしたが学校の寮に入っていたので、単身赴任するにあたっての家庭内の問題はほとんどなかったです。私自身が「俺、ちゃんとやれるかな?」と心配していたぐらいで、ただそれも「ええい! 行っちゃえ」で出てきましたから、自分で解決すればいい。家族は完全に納得してくれていました。

「向こうで勉強したいんだ」ということはずっと前から言っていたし、だから家族の間では、「じゃあ、いつ行くのか?」という時期の問題だけでした。

それが自分の年齢的な〝タイムリミット〟との争いだったことはすでに書いたので、ここではくり返しません。

ただ、向こうでの暮らしで、いい歳をして孤独を感じたことはよくありました。トレーラーハウスに私しか住んでいない。あとは、トカゲとアリ。彼らは掃除も洗濯も手伝ってくれやしないですから、全部自分でやる。最初は楽しかった。洗濯？ こうやってやりゃあいいんだろー、なんて鼻唄歌いながらやってました。で、途中から、ハァーッ、また洗濯？ と溜め息になるのですが、これもそのうち日課になって、何の苦にもならなかった。やらなきゃ着るものがないですからね。

食べるほうも、何とかやってました。ドジャースのルーキーリーグに韓国のＬＧツインズから出向で来ていたキム・ヨンスというコーチがいて、彼らはファミリーで１３００ドルのいいマンションに住んでいた。その家族からたまに米を分けてもらったりして楽しかった。キムチに焼売《しゅうまい》、水餃子とか差し入れてくれました。

夏には、トレーラーハウスに、大きなコガネムシがガンガンぶつかってきました。ドーン！ って。えっ、何、今の？ ドーンッ！ あれっ？ ドーンッ！ ドーンッ！ あれっ？ 「何が飛んできてるんだ？」って最初は撃たれてるのかと思ってびっくりしましたね。ブーーンっ、「うわっ」と見たらデカいコガネムシ。灯かりに向かって飛んできたのでした。

そんな生活……。

私は、2001年1月23日に成田を発ったのですが、アメリカについて最初のフェニックスにいるときに、親父を亡くしました。2月6日でした。

「具合がよくない」という電話連絡で急遽日本に戻りましたが、間に合いませんでした。故郷の高知で通夜の席に座り、それでも告別式の時はもう飛行機で東京に向かい、すぐにアメリカにトンボ帰り……アメリカのほうに「帰る」という言い方もおかしいですが、ピオリアでの三星ライオンズの臨時コーチという、お受けした仕事があったのです。

私は鹿取家の長男です。ですが、三星ライオンズとの約束はおろそかにできませんでした。ピオリアでは、そのときはまだ韓国チームで人たちがたくさんいて、彼らと一緒だったので、孤独は感じなかったのですが、2月26日にベロビーチに行って、最初はドジャータウンの宿舎ですが、部屋にひとりいると、もうすごく寂しかった。

今ここにいる、夢を叶えている自分と、郷里の親父の姿が、ダブってくるんですね。親父は海外旅行なんか1回も行ってない。で、自分でこうやって異国にひとりで住んでて、「俺、いったい何やってんだろう?」という自問自答もありましたし、「親父が逝く時、なぜその場にいなかったんだろう」という自身を苛むような気持ちもあった。

自分を見つめ直していたのは、確かです。今までやってきたことを、ずーっと振り返ってみたりとか、親父の人生はどんなだったんだろう？　とか、静かな部屋で、〝静寂〟という音を聴きながら、一点を見つめて考えていた。

「これからまた、自分の人生どうすればいいんだろうか」とか、そういうことをとても深く考える時間だった。

「俺、何やってんだよ」「俺、何て親不幸なんだよ」……って言いながら、でも自分の人生を考えると、「これで合ってる」「絶対に間違ってない」と思った。

そのためにも、この孤独な時間、この1年間を有意義にしなきゃいけないな、と改めてやらなくてはいけないと思えたし。その反面、また急に寂しくなったりしていました。

3カ月ぐらいは、そういう……自分を見つめ直したり、親父のことを回想したり、そこから母親のことを想ったり、それから女房子どものことを思ってみたりとか。そういう時間がけっこう長かったです。

そういうことを、チームが快進撃している前期、コーチ修行の裏面でやっていたのです。

ただ、自分ひとりで部屋にいる時だけ孤独なのです。ノートをつけていたのですが、それに向かってる時に孤独であって、その時間が過ぎて、寝て、起きて、そして球場に行ったら、もうそこには仲間がいる。

仲間が、野球があったから、孤独に耐えられたんじゃないかと思います。

球場に行けば、忘れられる。野球をやっていれば、野球を教えていればそんな思いは体のどこにもない。グラウンドに行けば、若い選手たちがいて、いい加減な英語でも、しゃべりまくりでしょう。何かしらバーッと言うわけですよね。

日本語も出る。「お前、ほんとに、ヘタやなー」とか「しっかりしろ、お前」とか言ってました。「What?」なんて聞かれると、「Good!」「Better!」なんてね。日本語もしゃべりまくりだったと思います。

そうやって2時間ぐらい練習したら、すぐゲームですから。

ただ、そこから帰ってくると、やっぱりまた孤独を思い出す——そのくり返しでした。

うまくその孤独から脱することができたのが、Eメールのおかげなんです。便利なものがありますよね。

女房にはよくメールしていました。

「俺はこっちでちゃんと生きてるから安心しろよ」とか「頑張るからな」とか。でも、そうメールした後で、またふと思うわけです。俺、何を頑張るんだよ？　何、頑張んだ？　俺……って。そのとき、つかめないわけですよ。「何」がわからなかった。その結論が出なかった。

でも、「絶対にこの経験はムダにはならないと思う」と、いつもメール打ってました。メールにそう書くことで、ただ頑張ると思うだけでなくて、人に宣言することで、野球のほうへ気持ちが行った。それがよかったと思います。

それから、巨人の上原からはたまにメールが入りました。三沢興一からもよくメールが来ていました。ちょうど彼、01年のシーズン途中で大阪近鉄バファローズにトレードになった。ドジャースは近鉄と提携していますから、インターネットで見ていたら、彼が1勝目を挙げたのがわかった。たまにそうしてチェックしていたら、あれよ、あれよという間に5勝ぐらいした。「やってるな。こんなに勝ったのかよ」という感じで、こっちからもメールをどんどん返しました。結局三沢はこの年、近鉄に移籍した後期だけで無傷の7勝。うれしかったですね。球界関係者からもメールは来たし、親しい新聞記者からも結構メールは入りました。

こういうモバイル機器にも、助けられたんでしょうね。いや、いい世の中になったものだと思いました。メールは、ひとりで読むのもわびしいですけど、ひらがなや漢字が読めるのがうれしかった。テレビはずっと英語ですから、「おお、日本語で書いてある。ああ、うれしいなあ。こんな字だったな」という一服の清涼剤でした。

孤独にいろいろ考える時間が持てたということも、暗くなるばかりではありませんでした。今まで、ずーっと野球というものをやってきて、ずっとずっといっときも休まずに走ってきたような部分があった。

日本でも、もちろんひとりになれる時間があっても、次の日があったりとか、シーズン中だったり、自分のことを見つめ直す時間なんてものはなかった。アメリカでも同じようにユニフォーム着て、練習からゲームから、翌日から、と「Ｎｅｘｔ」「Ｎｅｘｔ」とやっているんだけれど、周りが日本語を話す環境ではなかったということで、初めて……走ることをちょっと止めて、座ってゆっくりと水飲んで、休んで考える自分をもつことができたのかもしれません。

それが、考える時間ということであったのかもしれない。この時間は、きっとムダにはならないと思います。

アメリカと日本――
自分の中の「相互反応」

我がベロビーチ・ドジャースは、後期はもうメロメロ。メジャーが勝つためには、1Aは少しでもいい素材は上に提供しなければならないので、投手は半年で総入れ替えという状態でした。これは選手たちにとってはよいことで、力が認められたから、サッと引き上げてもらえる。マイナーチームのチームの成績なんて考慮されません。

でも前期優勝でしたので、9月のプレーオフには出場しました。しかし、当然後期のメンバーで戦うわけですから、初戦は取ったものの、その後2連敗して、2001年のシーズンはそれでおしまい……ということになりました。

最後の試合は、プレーオフの対戦相手マナティーズのホームグラウンドであるブリバードカントリーで行なわれました。

「皆、聞いてくれ」。負けて、ベロビーチへと帰るバスのなかで、監督のボブ・マリアーノが、そう話し出したのですが、すぐにもう涙で、何を言っているのかよくわからない。「よくやってくれた。うれしかった」と彼は涙ながらに言っていました。この精力的で少しも止まることなく動き回る監督は、アメリカのプロチームを率いるのは初めてという、いわば〝素人〟監督。私から見ても、「今の采配は、ちょっとどうかな？」と思える面が多々あったのですが（でも、前期優勝したのだから立派です）、こうやって最後に挨拶して選手たちの労をねぎらって、01年の1Aベロビーチ・ドジャースは戦いを終えたわけです。

明治大学の島岡監督の涙とは、また違う、それでもこちらに響いてくる涙でした。

私も、半年間行動をともにした仲間と別れるのはつらく、監督が泣きながら話しているのを見て、込み上げてくるものがありました。広いアメリカ大陸。リリースとトレードはつきものの世界。ここで別れたら、もう一生会うことのない選手もいるでしょう。

バスがベロビーチに帰ってきて、皆は再びロッカールームに集結。皆でなんだかんだとこのシーズンのことを話しているのでしょう。私も「ありがとうございました」と個々の選手たちと握手です。ピッチャー連中は抱擁してくれたりして、そうやって皆に揉まれていたら、「ああ、帰りたくねえな」と思えてきました。もう1年いなきゃダメだな、と思いました。「もうちょっと……こいつらが上に上がるまで、一緒に見ていたいな」

私は9月18日の飛行機で帰国予定。選手たちは、翌年の2月にまたドジャータウンに集まってくるまで、別の仕事で生活費を稼ぐ日々になります。

アメリカでのコーチ修行を決意したのは、日本にいてコーチとして「ここはどう教えるべきか」自分でいろいろと考えなければならなくなっていた時期でもありました。そして、本場アメリカに渡ることで、それまでの自分流、日本流の野球の集大成がアメリカ流のやり方とどう化学反応を起こすかを目の前で見ることができました。

たとえば、9月1日のホーム最終試合、これがシーズン最終戦でもあったのですが、セントルーシー・メッツ戦で2回を5奪三振で投げた投手が「スローイングプログラムの成果だよ。ありがとう」と言ってくれました。

これは私が巨人のコーチ時代にやっていたもので、キャッチボールが終わった後にフォームなどをチェックする作業です。アメリカでもずっとやっていたのですが、この方法は間違っていない、と自信になりました。

ともあれ、半年ぶりの帰国です。私はベロビーチからオランドに行って、そこからロスに移動、ロスから9月18日の便で日本に帰ってくる予定でした。

オランドからロスに入る9月11日、最初の予定では朝7時半の飛行機に乗るはずだったのですが、少し早いな、と考えて、夕方4時の飛行機に変更しました。

そうしたら、あの同時多発テロです。衝撃と悲しみの中で、飛行機は飛ばなくなってしまいました。アメリカでは野球も一時中断されました。

オランドから日本の女房にメールを打ちました。「この1年間、本当にありがとう」という内容の末尾に、こういう状況でもあったので、何かの事故で帰れなくなる場合を考えて「このメールが最後になるかもしれない」などと付け加えました。

予定どおり9月18日には帰国しましたが、

「無事に帰ってこれてよかった……」

なんて女房に言われましたね。

コーチのひそかな「喜び」

2002年は、巨人のヘッドコーチをやりながらも、1年間、インターネットでドジャースの動向をチェックしていました。うちのチーム……1Aハイのベロビーチ・ドジャースから、選手がたくさんいなくなっていくんですよ。ピッチャーを見たら、全然いない。

「あいつら、いないじゃん」

と……ドジャース2Aを見たら……おう、いるいる。3Aにもいるじゃん。かと思えば、これは後から聞いた話ですが、1人トレードで出て行って、違うチームで、それもメジャー投げていた左ピッチャーもいました。うれしかったですね。背は大きくないのですが、そこそこいい変化球を投げるやつだった。

それが一番うれしい。どんどん上に行ってくれるのが、たまらなくうれしいのです。

もう、01年の秋に別れたときには、「こいつらと一生会うことはないな」と思っていた連中が、パソコンの画面で見るだけとはいえ、活躍していることが確実にわかるのです。

彼らと別れるときには、こっちも「こいつらとは、もう今日で会えないんだな」ってしんみりしていたのですが、でも、「来年も来るのか？」って聞かれたときには、「可能性はある」と答えておいた。「一度日本に帰んなきゃ、わかんないんだ」と。

自分の中では本当わからなかったけど、もし翌年また来て、ドジャータウンのキャンプに行けば、「よう、元気だったか？」とまた会えるだろうな、とその両方の気持ちがあった。

実際、帰国してジャイアンツに入った時に「これで、あいつらとはもう本当に会えんなー」と思って、寂しいなと思いましたよ。12月ぐらいにひょっこり遊びに行けば、道でばったり会わないかな？　とか、バイトしてるんじゃないかな、とか思いました。これ、真剣にそう思いましたものね。

教え子のひとりが、メジャーで投げました。それを知ったのは02年のシーズンオフなのですが、その選手、シェーン・ナンスが、「ヨシ・カトリに教えてもらったんだよ」と言っていたと、向こうに住んでいた日本人から話を聞きました。また、これも教え子のリカルド・ロドリゲスという選手も、メジャーのキャンプに参加して、最終的には惜しくも落ちた、という話も聞きました。3Aで7勝ぐらいしたらしいです。

そのうち、テレビでメジャーリーグ中継を観ていたら、「あ、こいつ知ってる。俺が教えたんだ」という投手が登板するかもしれません。そうなったら最高です。

第4章

コーチとコーチング
私の思うこと

経験と知識の伝達

私は、アメリカでのアシスタントコーチも含めると、現役引退直後から4シーズンを、コーチとして過ごしてきたことになります。

最初は、自分がすぐコーチとしてやっていけるとは思っていませんでした。先輩コーチの指導方法を見ながら、手探り状態で巨人の二軍コーチを始めました。

ただ、現役時代、ベテランと言われた頃には、若い選手に聞かれるままに、「ああ、それは、こうしたほうがいいよ」ぐらいのことは教えていました。そういう経験をありのまま伝えてゆくというやり方は、ごく普通にできました。

我々も現役の時に先輩からそれを聞いてるんです。自分の経験に先輩たちの経験したことも加えて、「こうしたほうがいい」と話したりもしたものです。

コーチというのもその延長線上にあると思うのです。現役時代というのは、それこそたくさんのコーチや監督に指導してもらっていますから、さまざまなノウハウは聞く。それを聞いていって、自分なりにだんだんまとめていって、若い人たちに聞かれた時に答えている。先輩としてのアドバイスが、現役としてのユニフォームを脱いでしまってコーチという肩書きをつけるようになった時に、コーチングに変わるのだと思います。

それをそのままずっと、私はコーチという仕事を続けてきていますので、やはりこの仕事は好きなんだと思います。

自分でもやはりいろいろと経験をし、そして多くの先輩方から意見や話を聞いたり教えてもらって自分の中に入っていることを、さらにまた下の世代へと伝えていっているような気がします。いずれそれが彼らの財産になっていくであろうと思いながら。

そうやって知識や経験といったものは、受け継がれて行くんじゃないか思えます。自分が先発ピッチャーの経験のある人から先発の話を聞き、そして自分は中継ぎやクローザーをやっていた。そういう私の体のなかでまとまったものを話す。次の者がまた次の者に話すかもしれない。野球の、そう、仕事の遺伝子が世代から世代へと受け継がれるように――そういうことは実はとても大事なことのような気がします。

正解はないから常に考えている

今、巨人のヘッドコーチとして生きている私ですが、ふと、自分の人生って、どこでどうこういう方向に転んだのかな？　と思います。

というのも、先に書きましたが、私は、東京六大学で4年間野球をやってきてその4年生の最後の最後の段階でも、プロ入りできるなどとは思っていなかったからです。

むしろ、卒業後は社会人野球の日本鋼管に入ることが決まっていて、そこでずっと野球をやって、で、引退したらそういうノンプロのコーチでもやらせていただけるのなら、やりたいな、というぐらいの未来像を描いていた。

だから、頂点のプロ野球に行くのは、当然〝エース〟級の人たちであって、〝ピース〟であった自分は、あの1978年11月のドラフト会議がいつも通りに行われていたとすれば――今頃は、プロ野球というものを茶の間でビールを飲みながら観ていたと思うのです。

そしてたまに、学生野球時代の知り合いでプロ入りした人間に切符を頼んで、「じゃあ、今度1回行くか」という感じで、「おーい、しっかりやれよ」なんてスタンドから野次っていたかもしれない。そういう自分の像が苦労することなく描けるのです。

子どもの頃は、何しろ高知の片田舎ですから、バスの運転手になりたかった。あんな大きな車を動かす運転手さんってすごいな、自分が小さかったから、「1回、こんなの運転してみたいな」と思っていました。

そういう自分なのですが、やはり生まれ変わったとしても、やっぱり野球選手はしていると思うのです。生まれ変わって、今の自分が持っている野球の知識をもう一度、さらの状態にしてみたとしても、また夢中で野球をやるに違いないと思う。野手かピッチャーかと聞かれたら、やっぱりピッチャーをやるだろうと思う。

……と考えると、やはり野球が好きで好きでしょうがない自分がまた再生されるのでしょう。

野球には……何をどうすれば優勝できる、というひとつの答えはないと思う。だから常に考えていなくてはいけない。

結局のところ、私は、野球というものがある現場が好きなのです。

97年いっぱいで現役を退いた後も、ずっと現場でユニフォームを着て、選手たちと関わり、いろいろなことを教えたりしてきました。

それが今は、好きです。でも、プレイヤーとはまた違う、コーチの喜び。野球を即、人生と言ってしまうのはオーバーかもしれないけれど、それぐらいもう携わっています。仕事として野球をすることは、楽しい、けれど、つらい。ペナント獲得という大きな目標があるからこそ、その何倍かつらい、苦しい過程を経てこられる。そして優勝できても、また翌年同じつらさと苦しさを経ないと、勝利にはたどりつけない。

本当は無理してやってるのかもしれないけど、今のところはユニフォームを着ているほうが好きです。選手たちと一緒に汗を流して、そして最後に優勝したときの喜びを得るがために苦しむ。その魅力に取り憑かれている。毎年毎年、いろいろ苦労があっても最後に優勝した瞬間の喜びの魅力。

それがまた味わいたいがために、今年もまた〝準備〟を重ねる。

02年は優勝できましたが、そのデータを相手チームからは研究されている。だからまた違うことを入れているし、まだまだもっと勉強しなきゃいけない。

当たり前のことをもっと当たり前にできるようにしなきゃいけない――今日も戦っていかなければならない。

さあ、いよいよプレイボールです。

おわりに感謝をこめて

出版社の方からこの本の執筆依頼を受けた時、非常に迷いました。自分に本が書けるのだろうか、ましてや野球ファンのみならず、より多くの皆さんに役立つものが……。それでも、自分を振り返ることの大切を痛感することの多い昨今です。よい機会を与えてもらったと思いました。また、コーチとして現場で働いているうちに、コーチングについての考えをまとめることに、大きな意味も感じました。そして、チャレンジしたのです。今現在、仕事の上で指導する役割を担っている方に、私の経験が少しでもお役に立てば幸いです。

此度自分の34年間のユニフォーム生活を書き起こしてみて、忘れかけていたあのこと、このことが思い出されてきます。楽しいだけの野球から、厳しさのこもった野球を経て、それを今仕事としている自分。あらためて感じます、野球って本当に奥深い、と。

また、この34年間にお世話になった方々への感謝の念も、私の中に沸き起こってきます。本書でもご登場いただいた現役時代お世話になった5人の監督たち、長嶋茂雄さん、藤田元司さん、王貞治さん、森祇晶さん、東尾修さんをはじめ、今まさに監督＝リーダーとして導いていただいている原辰徳さん。先輩、同輩、後輩、すべての野球仲間たち。そして家族、友人たちに感謝を捧げます。特に、人生のあらゆる場面で相談相手になってくださった〝欽ちゃん〟こと萩本欽一さんには、いくら感謝しても感謝しきれません。

これからも私の野球人生は続きます。松井秀喜選手はじめ多くの日本人選手がメジャーリーグへ渡ってゆくのを見て、私も自分のアメリカへの夢を託せるような、世界で活躍する選手を育てたいと夢が膨らみます。一方で、人気低迷を言われるようになった日本球界を盛り上げる新たなスターを生み出したい、という希望もあります。

きょうもまた「プレーボール！」のコールで戦いが始まります。Play Ball!　ボール遊びしようよ！というふうにとれます。いい言葉です。決してWork Ball!　じゃないんです。労働じゃないし、義務でもない。好きだから、楽しみたいから、夢があるから、野球なんです。それを仕事にしている喜びを感じています。

２００3年3月

読売巨人軍ヘッドコーチ　鹿取義隆

	奪三振	防御率	セ優勝	パ優勝	日本一	リーグ順位	備考
	29	3.36	広島	近鉄	広島	5位	初登板　秋季伊東キャンプ
	63	1.78	広島	近鉄	広島	3位	長嶋退任　王引退
	22	2.37	巨人	日本ハム	巨人	**1位**	原辰徳デビュー
	36	4.50	中日	西武	西武	2位	
	64	3.64	巨人	西武	西武	1位	
	58	2.45	広島	阪急	広島	3位	
	75	3.52	阪神	西武	阪神	3位	
	68	2.32	広島	西武	西武	2位	
	70	1.90	巨人	西武	西武	1位	MVP１票差で逸す
	40	3.20	中日	西武	西武	2位	
	25	3.15	巨人	近鉄	巨人	**1位**	
	26	3.00	巨人	西武	西武	**1位**	最優秀救援投手 西武日本S４連勝
	37	1.78	広島	西武	西武	**1位**	
	41	2.47	ヤクルト	西武	西武	**1位**	
	47	2.25	ヤクルト	西武	ヤクルト	1位	
	53	3.40	巨人	西武	巨人	1位	
	43	2.42	ヤクルト	オリックス	ヤクルト	3位	原辰徳引退
	48	2.40	巨人	オリックス	オリックス	3位	通算SP日本新記録（当時）達成
	1	9.82	ヤクルト	西武	ヤクルト	1位	引退
	846	2.76					
			横浜	西武	横浜	3位	
			中日	ダイエー	ダイエー	2位	
			巨人	ダイエー	巨人	**1位**	
			ヤクルト	近鉄	ヤクルト		
			巨人	西武	巨人	**1位**	巨人日本S４連勝

※太字は所属チームが日本一

鹿取義隆／参考年表

	年度	元号	年齢	チーム	背番号	監督	登板	勝利	敗戦	S	投球回
現役	1979	昭和54	22	巨人	29	長嶋茂雄	38	3	2	2	59
	1980	昭和55	23	巨人	29	長嶋茂雄	51	4	3	3	86
	1981	昭和56	24	巨人	29	藤田元司	22	1	0	0	37 2/3
	1982	昭和57	25	巨人	29	藤田元司	21	3	2	0	57 2/3
	1983	昭和58	26	巨人	29	藤田元司	38	5	2	1	94
	1984	昭和59	27	巨人	29	王貞治	48	4	3	6	88
	1985	昭和60	28	巨人	29	王貞治	60	4	5	4	84 1/3
	1986	昭和61	29	巨人	29	王貞治	59	4	3	4	101
	1987	昭和62	30	巨人	29	王貞治	63	7	4	18	94 2/3
	1988	昭和63	31	巨人	29	王貞治	45	8	4	17	64 2/3
	1989	平成元	32	巨人	29	藤田元司	21	2	1	3	34 1/3
	1990	平成2	33	西武	26	森祇晶	37	3	1	24	45
	1991	平成3	34	西武	26	森祇晶	34	7	1	8	70 2/3
	1992	平成4	35	西武	26	森祇晶	38	10	1	16	76 2/3
	1993	平成5	36	西武	26	森祇晶	42	5	4	16	68
	1994	平成6	37	西武	26	森祇晶	40	7	3	5	76 2/3
	1995	平成7	38	西武	26	森祇晶	43	6	3	2	85 2/3
	1996	平成8	39	西武	26	森祇晶	47	7	3	2	75
	1997	平成9	40	西武	26	東尾修	8	1	1	0	7 1/3
	通算成績						755	91	46	131	1306 1/3
コーチ	1998	平成10	41	巨人	75	長嶋茂雄	二軍ピッチングコーチ				
	1999	平成11	42	巨人	75	長嶋茂雄	一軍ピッチングコーチ				
	2000	平成12	43	巨人	75	長嶋茂雄	一軍ピッチングコーチ				
	2001	平成13	44	米国	55	1Aﾍﾞﾛﾋﾞｰﾁ	アシスタントコーチ				
	2002	平成14	45	巨人	84	原辰徳	ヘッドコーチ				
	2003	平成15	46	巨人	84	原辰徳	ヘッドコーチ				

育てながら勝つ、戦いながら鍛える
コーチングヒント

著者●鹿取義隆
発行者●小林公成
発行●世界文化社　〒102-8187　東京都千代田区九段北4-2-29
TEL●販売部：03-3262-5115　編集部：03-3262-5118
印刷・製本●中央精版印刷株式会社
DTP●株式会社アド・クレール
発行●2003年3月30日　初版第1刷発行

© Yoshitaka Katori 2003,Printed in Japan
ISBN4-418-03504-4
禁無断転載・複写
定価はカバーに表示してあります。
落丁本・乱丁本はお取替えいたします。